INTERMIDIALIDADE
UMA INTRODUÇÃO

Conselho Acadêmico
Ataliba Teixeira de Castilho
Carlos Eduardo Lins da Silva
Carlos Fico
Jaime Cordeiro
José Luiz Fiorin
Tania Regina de Luca

Proibida a reprodução total ou parcial em qualquer mídia
sem a autorização escrita da editora.
Os infratores estão sujeitos às penas da lei.

A Editora não é responsável pelo conteúdo deste livro.
A Autora conhece os fatos narrados, pelos quais é responsável,
assim como se responsabiliza pelos juízos emitidos.

Consulte nosso catálogo completo e últimos lançamentos em www.editoracontexto.com.br.

INTERMIDIALIDADE
UMA INTRODUÇÃO

Ana Luiza Ramazzina-Ghirardi

Revisão técnica
Alex Martoni

Copyright © 2022 da Autora

Todos os direitos desta edição reservados à
Editora Contexto (Editora Pinsky Ltda.)

Montagem de capa e diagramação
Gustavo S. Vilas Boas

Preparação de textos
Da autora

Revisão
Lilian Aquino

Dados Internacionais de Catalogação na Publicação (CIP)

Ramazzina-Ghirardi, Ana Luiza
Intermidialidade : uma introdução /
Ana Luiza Ramazzina-Ghirardi ; revisão técnica
de Alex Martoni. – São Paulo : Contexto, 2025.
128 p.

Bibliografia
ISBN 978-65-5541-169-0

1. Intermidialidade 2. Comunicação
I. Título II. Martoni, Alex

22-1537   CDD 700.1

Angélica Ilacqua – Bibliotecária – CRB-8/7057

Índice para catálogo sistemático:
1. Intermidialidade

2025

EDITORA CONTEXTO
Diretor editorial: *Jaime Pinsky*

Rua Dr. José Elias, 520 – Alto da Lapa
05083-030 – São Paulo – SP
PABX: (11) 3832 5838
contato@editoracontexto.com.br
www.editoracontexto.com.br

SUMÁRIO

PREFÁCIO 7

APRESENTAÇÃO 9

O QUE É INTERMIDIALIDADE? 13
    Um campo em formação 14
    Intermidialidade: um vocábulo, múltiplos conceitos 18
    Autores referenciais e definições de intermidialidade 21

MÍDIA: É POSSÍVEL DEFINIR? 31
    Mídia: conceito central, conceito controverso 32
    Mídia e intermidialidade 33

INTERMIDIALIDADE COMO CATEGORIA ANALÍTICA 43
    Intermidialidade: subcategorias individuais
    e configurações midiáticas 44
    Intermidialidade intracomposicional
    e extracomposicional 49
    Intermidialidade e "eixo de pertinência" 52

MIDIALIDADE, INTERMIDIALIDADE E COMUNICAÇÃO: O MODELO DE LARS ELLESTRÖM 57
Um novo modelo de comunicação: enfoque na mídia 58
Relações intermidiáticas: modalidades das mídias 65

REMEDIAÇÃO E REMIDIAÇÃO TRANSMIDIAL 69
Da remediação à imediaticidade e à hipermidiação 70
Remediação e intermidialidade 74
Transformação das mídias: *remidiação transmidial* 77

ADAPTAÇÕES NARRATIVAS E INTERMIDIALIDADE 81
Novas perspectivas para a adaptação 82
Adaptação: ampliação no campo da intermidialidade 86
Adaptação, midiação e transmidiação 89

INTERMIDIALIDADE, EXPANSÕES NARRATIVAS E TRANSMÍDIA 95
Inter-relações e expansões narrativas 96
Composição e construções de narrativa transmídia 101
Transmídia e intermidialidade 102

RENOVAÇÃO DE CONCEITOS NO CAMPO DA INTERMIDIALIDADE 107
Da citação verbal à citação visual 107
Écfrase e fenômenos midiáticos 112
Paratextos multimodais e relações intermidiáticas 116

REFERÊNCIAS 123

A AUTORA 127

PREFÁCIO

A emergência das tecnologias digitais, nas últimas décadas, vem transformando profundamente o modo como a escrita, os sons e as imagens são produzidos, registrados, processados e transmitidos. Essa interface de signos em incessante rotação impõe aos pesquisadores em Linguagens a necessidade de incorporar, ao seu manancial teórico e analítico, os fenômenos decorrentes das novas formas de interação, transposição e hibridação entre diferentes mídias e sistemas semióticos. Neste livro, Ana Luiza Ramazzina-Ghirardi nos apresenta, com senso didático, rigor conceitual e amplo repertório de exemplos, o conjunto de teorias e práticas de análise que compõe um campo de pesquisa em franca ascensão, os estudos de intermidialidade. Nesse sentido, esta obra oferece aos estudantes de Letras, Artes, Comunicação e áreas afins um consistente repertório teórico-metodológico para o desenvolvimento de análises comparadas entre diferentes domínios artísticos e midiáticos, como os quadrinhos, a literatura, os *games*, as artes plásticas e os novos gêneros audiovisuais e digitais. *Intermidialidade: uma introdução* se inscreve, desse modo, como uma referência bibliográfica fundamental para estudantes e pesquisadores que se interessam pelas complexas relações entre as linguagens, as artes e as mídias.

Alex Martoni
Professor de Letras da Universidade Federal
de Juiz de Fora (UFJF)

APRESENTAÇÃO

A intermidialidade é um vibrante campo de investigação. Atualmente, o tema se tornou objeto de pesquisa entre muitos estudantes e pesquisadores, havendo um adensamento crescente dos debates no meio universitário. Os estudos nessa área, que conheceram uma vertiginosa expansão a partir da década de 1990, centram nas relações entre diferentes mídias, bem como em seus modos de configuração, suas estratégias comunicativas e seu impacto social. Voltados ao exame de questões tão centrais como mídias e a comunicação, os estudos sobre intermidialidade interessam, assim, a acadêmicos de diversas áreas, como a Linguística, a semiótica, a teoria da comunicação, o ensino de línguas, bem como os estudos literários, os estudos sobre o cinema e as artes visuais, por exemplo.

Mais de três décadas depois da consolidação desse campo, entretanto, não há consenso sobre uma definição do termo *intermidialidade*. Embora a relação básica que o termo refere seja menos controversa – existe consenso de que "intermídia" aponta para um processo que se dá entre mídias –, há uma grande variedade nas maneiras de significar essa relação. Todas elas, entretanto, têm um ponto em comum: assumem como objeto de investigação os processos de construção de sentidos que se dão a partir da interação de duas ou mais mídias.

Esta obra tem por objetivo principal introduzir o leitor nessa área. Ela apresenta os temas mais recorrentes, hoje, nos estudos intermidiais e sintetiza as linhas gerais dos complexos debates sobre o tema. Ao mesmo tempo, apresenta autores que têm servido de referência para o desenvolvimento dos estudos em intermidialidade. As perspectivas de Irina Rajewsky, Claus Clüver, Werner Wolf, Jürgen Ernst Müller e Lars Elleström, entre outros, servirão como fio condutor, unindo os diversos temas, e permitirão ao leitor apreciar a diversidade de pontos de vista de alguns dos autores contemporaneamente mais influentes. Conhecer esses temas, conceitos e autores permite a estudantes de graduação e de pós-graduação ampliar sua capacidade de compreensão de seus objetos de estudo.

No capítulo "O que é intermidialidade?", o leitor tomará contato com o conceito de intermidialidade, os sentidos propostos para o termo e as diferentes perspectivas e definições que o circundam. O termo, utilizado inicialmente sobretudo nos estudos literários, passou pouco a pouco a ser incorporado em outras áreas.

As controvérsias sobre o termo intermidialidade estão associadas, em boa medida, ao sentido de mídia que esse conceito supõe. O capítulo "Mídia: é possível definir?" parte do uso do termo *mídia* como mensagem na teoria da comunicação para, em seguida, elencar algumas de suas definições no campo da intermidialidade.

O capítulo "Intermidialidade como categoria analítica" discute como a intermidialidade oferece ferramentas teóricas para o exame de obras específicas. O leitor poderá ainda compreender a intermidialidade como categoria analítica a partir de exemplos concretos. É possível utilizar esse conceito para pensar, por exemplo, processos de adaptação de textos literários para o cinema, ou de transposição de uma mídia impressa (como um livro) para uma mídia digital (como um *videogame*), entre outros.

No capítulo "Midialidade, intermidialidade e comunicação", será explorado um novo modelo de comunicação centralizado na mídia, conforme formulado por Lars Elleström. O pesquisador aponta para uma construção teórica em torno da midialidade desde o ponto de vista das estratégias de interpretação. Para o autor, as análises em torno da mídia devem considerar produções com valor material, perceptivo, conceitual, interpretativo e social.

O capítulo "Remediação, imediaticidade e hipermidiação" apresenta ao leitor esses conceitos a partir de uma reflexão sobre as inter-relações de meios e sobre sua restruturação a partir do conceito de mídia, imediaticidade e hipermidiação. Será discutido como uma mídia é remodelada, renovada e como ela se relaciona com suas predecessoras. Nesta remodelagem, a dupla lógica da imediaticidade (experiência direta, imediata) e da hipermidiação (mediação evidente repetida em diferentes produtos) aponta para o aumento significativo das tecnologias de mídias digitais presentes nesse fenômeno.

Em "Adaptações narrativas e intermidialidade" será abordado o conceito de adaptação usado atualmente em estudos de diversas áreas, como, por exemplo, no caso bastante comum de adaptação de romances para o cinema. Em seguida, o texto aborda como a área da intermidialidade amplia e renova o sentido do termo *adaptação*, oferecendo novos horizontes e ferramentas para análise de diversas formas de transposição, como HQ para cinema, narrativa histórica para *videogame*, entre outros.

O capítulo "Intermidialidade, expansões narrativas e transmídia" explora o modo como a inter-relação entre diferentes mídias permite expandir as possibilidades das narrativas tradicionais. Discute-se, aqui, a narrativa transmídia, isto é, a criação de um universo com uma mídia principal e a expansão de seu conteúdo por meio de uma constelação de diferentes mídias.

O último capítulo, "Renovação de conceitos no campo da intermidialidade", toma conceitos e abordagens já relativamente estabilizados em outros campos do saber e analisa sua ressignificação desde a perspectiva da intermidialidade. Para entender a renovação desses conceitos, esse capítulo retoma essas definições para, em seguida, situar sua aplicação e expansão a partir do ponto de vista do funcionamento interno das mídias e das relações estabelecidas entre elas.

Os capítulos que compõem *Intermidialidade: uma introdução* podem ser lidos na ordem em que o leitor desejar, já que cada um deles trata de um tema específico. A estrutura proposta, entretanto, convida o leitor a um percurso que parte do conceito de mídia para ampliar, gradativamente, o horizonte do olhar sobre os desdobramentos da apropriação e reconfiguração desse termo dentro dos estudos midiais. O livro evita ao máximo hermetismo da linguagem técnica. Quando houver termos técnicos, eles serão explicados de modo que o leitor se sinta convidado a conhecer a área e sua terminologia específica.

A proposta desta obra não é a de servir de manual, no sentido frequentemente limitador do termo, mas como uma *introdução*, que não escamoteie a complexidade dos temas. O estranhamento inicial com a terminologia diminuirá ao longo das páginas e permitirá que o leitor vá gradativamente se familiarizando e se apropriando do repertório conceitual que constitui essa nova e fascinante área de estudos.

O QUE É INTERMIDIALIDADE?

Os estudos sobre intermidialidade são relativamente recentes. Na forma como o conhecemos hoje, esse campo de pesquisa começa a se formar a partir da segunda metade do século XX, com os trabalhos pioneiros de Dick Higgins e de Hansen-Löve. Esses autores estavam atentos às mudanças no campo das mídias de comunicação que começavam a ganhar ímpeto na década de 1960: a televisão popularizou-se rapidamente no pós-guerra, juntando-se ao rádio, ao jornal e ao cinema para estabelecer um mundo em que as mídias de massa (*mass media*) iam aos poucos transformando o mundo em uma "aldeia global", como famosamente apontou McLuhan.

Higgins, Hansen-Löve e outros pesquisadores queriam entender o sentido e as implicações dessas mudanças, sobretudo no que diz respeito ao funcionamento interno das mídias e à relação entre elas, isto é, ao que acontece na dinâmica *entre* mídias. A ideia de intermidialidade surge dessa preocupação.

O meio século que nos separa desses primeiros trabalhos trouxe consigo uma verdadeira revolução midiática. As mídias tradicionais receberam a companhia da enorme variedade de outros meios de comunicação que foram surgindo no espaço virtual tornado possível pela internet. Essa multiplicação de mídias teve como consequência, também, a multiplicação das possibilidades de relação *entre* mídias. Não é surpresa, assim, que a pesquisa em intermidialidade venha se avolumando e ganhando densidade nas últimas décadas.

Este capítulo apresenta diferentes propostas para conceituar *intermidialidade*, o conceito-chave do campo, bem como para estabelecer quais são os tipos de questões que esse conceito nos ajuda a compreender com mais sofisticação. Essas propostas, com seus pontos de contato e suas divergências, nos ajudam a entender a intermidialidade como um campo em formação que dialoga com áreas mais tradicionais de investigação, retomando e ressignificando seus conceitos.

UM CAMPO EM FORMAÇÃO

Irina Rajewsky, um dos nomes atualmente mais celebrados na área da intermidialidade, oferece uma formulação bastante simples, e bastante abrangente, para o conceito central dessa área de estudos. Para a pesquisadora, "[...] intermidialidade pode servir antes de tudo como um termo genérico para todos aqueles fenômenos que (como indica o prefixo inter-) de alguma maneira acontecem *entre* as mídias" (Rajewsky, 2012b: 18; itálico da autora).

A conceituação proposta por Rajewsky é um bom ponto de partida para se compreender a ideia de intermidialidade. Ao sugerir que todas as manifestações que acontecem entre as mídias representam um tipo de intermidialidade, ela apresenta, concisa e claramente, o traço comum para todos os estudos que gravitam em torno desse termo. Isto é, refletir sobre intermidialidade é pensar, simultaneamente, em mídias e na relação entre mídias.

Cada um desses termos – as mídias, de um lado, e as relações que se podem estabelecer entre elas, de outro – pode ser, e de fato é, compreendido e formulado de diversas maneiras. Essas divergências conceituais são comuns no processo de formação de novos campos do saber, como é o caso da intermidialidade. Elas decorrem não só de perspectivas teóricas diversas, mas também de interesses de investigação também diversos. Cada nova perspectiva que se lança traz novas possibilidades e novos horizontes, consolidando e ampliando esse jovem campo de pesquisa.

Essa multiplicidade de definições deriva também, em parte, do fato de o termo *intermidialidade* ser utilizado em diferentes áreas. Uma vez que diferentes formas de expressão – por exemplo, as artes visuais, o cinema, o teatro, a música – se valem de diferentes mídias, o estudo de todos esses objetos pode ser feito, produtivamente, desde o ponto de vista da intermidialidade. A partir da década de 1990, o vocábulo *intermidialidade* se expande de forma vertiginosa para diversas disciplinas, como os estudos literários, a história da arte, a filologia, a sociologia, a linguística, a produção audiovisual, a produção multimídia etc.

Essa variedade de usos cria correntes teóricas diferentes e leva aos embates conceituais que hoje caracterizam esse campo. Alguns pesquisadores acreditam que deveria haver um consenso sobre a definição do termo, sendo necessário buscar uma maneira de consolidá-lo a partir de uma acepção única. Outros preferem o modo como ele tem se disseminado até agora, celebrando a pluralidade conceitual por entendê-la capaz de permitir que as várias definições se adequem e se ajustem aos conceitos da área em que estiverem inseridas.

Antes de adentrarmos esses debates, tratando, especificamente do termo utilizado atualmente, será útil lançar um breve olhar para sua evolução. Isso nos ajudará a melhor compreender seus diferentes usos e sentidos nos dias atuais.

A ideia de intermidialidade se liga ao vocábulo "intermídia", cujo uso pode ser encontrado já no início do século XIX em um texto do poeta, crítico e ensaísta inglês Samuel Taylor Coleridge. Ao discutir a alegoria nas poesias de Edmund Spenser, Coleridge afirma que elas apresentam "um fenômeno narratológico baseado nas funções narrativas da alegoria enquanto *intermedium* entre a pessoa e a personificação, entre o geral e o específico" (Müller, 2006: 101). Escrevendo em 1812, Coleridge tem uma noção de mídia bem diversa daquela que estrutura os debates contemporâneos. Apesar disso, sua intuição de que há um fenômeno narratológico que se pode apreender em um *inter-medium* e antecipa preocupações centrais dos estudiosos da intermidialidade.

Em 1966, o termo é retomado pelo poeta, artista inglês, estudioso da mídia Dick Higgins, que, curiosamente, também se vale do vocábulo para refletir sobre poesia. Higgins está interessado no funcionamento de obras não muito familiares aos leitores/receptores daquela época, como a poesia concreta, por exemplo, em que tanto a carga semântica dos vocábulos quanto sua disposição espacial (o desenho que formam na página) são indissociáveis para a composição do sentido do texto. Reconhecendo a força expressiva desse tipo de criação, Higgins afirma que "[m]uitos dos melhores trabalhos produzidos hoje parecem estar entre mídias" (Higgins, 2012: 41), sinalizando que a força dessas obras inovadoras vem do jogo midiático que elas estabelecem. Seu uso da expressão "entre mídias" antecipa, assim, a imagem proposta por Rajewsky de "inter-midialidade", e serve como uma ponte entre a contribuição de Coleridge, no século XIX, e os estudos desenvolvidos a partir do final do século XX.

Essa ponte se torna mais evidente em 1981, quando Higgins retoma sua ideia original e substitui o termo intermídia por *intermidialidade*. Ele avança, assim, em sua percepção inicial para propor intermidialidade como uma categoria analítica. Para o autor, ela refere a característica definidora de obras cujas materialidades têm diferentes formas de arte "fundidas" e não simplesmente "justapostas" em seu interior.

Contudo, é apenas com Aage A. Hansen-Löve, ainda na década de 1980, que o termo passa a ser utilizado em um sentido mais próximo ao de sua acepção atual. Hansen-Löve é pesquisador da Universidade Ludwing Maximilians de Munique e responsável pelo projeto "O Sistema de Intermedialidade no Modernismo Russo". Sua pesquisa está centrada nas relações entre literatura e artes visuais. Como se vê do nome do projeto, o autor pensa essas relações a partir daquilo que ele nomeia *intermidialidade*. Diferentemente de estudos mais tradicionais sobre poesia que enfocam, por exemplo, aspectos como a temática ou o léxico, Hansen-Löve centra sua atenção na dimensão midiática dessa produção. Por isso, ele é considerado o primeiro pesquisador que utiliza o termo no sentido que se torna relevante para os debates a partir da década de 1990.

O fato de que o estudo pioneiro de Hansen-Löve tenha tido como uma de suas bases a literatura não é sem importância. Os estudos literários já constituíam, àquela época, um campo muito bem estabelecido. A perspectiva de Hansen-Löve sobre a intermidialidade se dava, assim, dentro de um horizonte conceitual que tinha o texto literário como seu elemento central e como elemento privilegiado para pensar o cotejo entre mídias. Essa centralidade do objeto literário marcará, por longo tempo, os discursos sobre intermidialidade.

Ainda que o termo tenha se propagado em ambientes centrados na literatura, entretanto, seu uso já transcendeu em muito esse campo. A exponencial proliferação de novas mídias gerou, naturalmente, a proliferação das possibilidades de haver relações entre mídias que não tenham, como um de seus termos, o texto verbal que constitui a literatura. Essa nova configuração do universo midiático – que hoje se assemelha a uma galáxia em permanente expansão – solicitou uma expansão correlata da reflexão sobre intermidialidade para várias áreas do saber. De fato, nota-se hoje uma ampliação do conceito para diferentes campos de pesquisa e uma forte impulsão em direção a pensá-lo a partir de uma perspectiva interdisciplinar. E é justamente essa riqueza que torna necessário e complexo o esforço de definição de *intermidialidade*.

INTERMIDIALIDADE: UM VOCÁBULO, MÚLTIPLOS CONCEITOS

Já indicamos, anteriormente, a natureza controversa de conceitos específicos de *intermidialidade*. Talvez essa controvérsia tenha também origem nos vários rótulos que os estudos desse fenômeno tenham recebido. Thaïs Flores Nogueira Diniz aponta que esse campo já foi chamado de "estudo interartes" e de "artes comparadas", com algumas variações ao longo dos anos. Contudo, Diniz afirma que

> [e]m nossos dias, passou-se a adotar a expressão "estudos de intermidialidade" para as pesquisas e reflexões críticas sobre a diversidade de produtos antes confinados ao campo das artes ou da literatura. Isto porque nem todos os produtos culturais hoje denominados "arte" são unanimemente reconhecidos como tal. (Diniz, 2018: 43)

As denominações anteriores ("estudos interartes", "artes comparadas") ajudam a compreender a progressiva autonomização dos estudos sobre intermidialidade. A princípio, esse conceito aparece como ferramenta auxiliar para a análise de produtos em campos já bem estabelecidos: como, por exemplo, a literatura (conforme se viu do trabalho de Hansen-Löve) e a pintura. Pouco a pouco, a natureza da relação entre as mídias foi se tornando, ela mesma, o objeto privilegiado de investigação. Isso permitiu que a reflexão sobre a intermidialidade desenvolvesse um vocabulário e uma perspectiva próprias, diversa da de campos de estudo mais tradicionais.

Por isso, alguns autores sustentam que, apesar de estar próxima aos estudos interartes, a pesquisa sobre intermidialidade amplia e se diferencia desse campo, uma vez que ela abrange além do que se entende por "arte erudita" (objeto preferencial dos estudos interartes), outros produtos denominados "mídia" e seu modo de se concretizar. Assim, ainda que a intermidialidade tenha se propagado inicialmente no campo das artes e da literatura e os estudos sobre intertextualidade, ela supera essas primeiras perspectivas ao dar ênfase à materialidade dos produtos de mídia sem limitar sua perspectiva à dimensão estética dos objetos em questão.

Portanto, ao se tomar intermidialidade como categoria analítica, novas compreensões sobre as relações entre diferentes práticas artísticas, culturais, configurações e produtos materiais se apresentam como possibilidade de investigação. Essa categoria permite que se abordem essas práticas, ou configurações midiáticas, a partir de suas relações com outras mídias, isto é, de sua condição intermidiática.

Essa atenção ao aspecto relacional ou à dinâmica que se estabelece entre as mídias permite que, apesar da pluralidade de definições que se apontou anteriormente, haja uma certa convergência no que diz respeito à intermidialidade em "sentido amplo". Parece haver consenso, por exemplo, na avaliação de que a intermidialidade sempre se refere às relações entre as mídias, ao modo como elas se relacionam, se completam ou se transformam.

A formação etimológica do termo – que vem da combinação do prefixo "inter" seguido da palavra base "mídia" e do sufixo "-dade" – ajuda a compreender essa convergência entre seus estudiosos, como se vê da análise de cada um de seus elementos constitutivos. O prefixo inter- tem sua origem no latim, e significa *entre*. Esse prefixo indica o intervalo espacial (lugar que separa) ou temporal (tempo que separa) entre dois corpos ou dois fenômenos, podendo indicar, ainda, relações de reciprocidade (como em intercâmbio) ou de interação (como em intermedial) (Sandmann, 1989: 22).

A ideia de intervalo traz dois elementos muito importantes para a compreensão do conceito de intermidialidade. De um lado, ela implica que estamos falando de dois objetos distintos, uma vez que dizer intervalo entre A e B significa indicar que esses termos não se confundem. Por outro lado, dizer intervalo significa, também, estabelecer uma relação entre os dois termos, já que o intervalo é constituído pela distância entre esses dois pontos de referência – A em uma ponta, e B, na outra.

"Midial" se refere à mídia, que é a natureza dos elementos que estão em relação nesse intervalo. O termo *mídia* será discutido com mais vagar no capítulo "Mídia, é possível definir?" Contudo, para refletir sobre a composição do termo *intermidialidade*, é possível inferir que a mídia é representada pelo que se materializa neste espaço relacional.

O sufixo -dade tem também sua origem no latim e completa o termo indicando uma qualidade, uma característica. Isto é, discutir *intermidialidade* não é discutir uma mídia concreta, mas sim uma ideia, uma *forma de relação*. As mídias que são abordadas nesse campo são elementos necessários, mas não o objeto último de investigação. Esse objeto último é abstrato: é o modo de articulação entre mídias individuais. Intermidialidade é, assim, o campo de pesquisa que investiga qualidades, características, formas que se realizam na relação entre as mídias em um vínculo que se desenvolve de forma espacial e temporal.

Essa característica de ser um campo que estuda *relações* entre as mídias – que, como qualquer relação, representa sempre uma construção teórica, não um objeto concreto – é que faz com que os debates em torno do sentido e do alcance de intermidialidade se tornem ainda mais intricados e relevantes. Intermidialidade é um objeto que só existe no discurso. Por isso, é importante que cada pesquisador deixe claro o sentido pelo qual entende intermidialidade e desenvolva seus estudos com base em um uso coerente e consistente desse alicerce teórico.

Tomar intermidialidade como categoria analítica implica, portanto, estar atento para novas relações entre diferentes práticas artísticas, culturais, configurações e produtos materiais, bem como para o papel da recepção na configuração dessas relações. A forma como se articula esse conjunto de elementos irá determinar o sentido que se atribuirá a esse conceito. Ainda uma vez: para pensarmos em termos de intermidialidade, é preciso que essas práticas ou configurações midiáticas sejam abordadas não a partir de uma única mídia, mas desde o ponto de vista da relação entre mídias, isto é, do postulado de uma condição intermidiática.

Vários pesquisadores têm buscado fazer exatamente isso, a saber, estabelecer e deixar clara, para seus leitores, a acepção que atribuem a esse termo "guarda-chuva" (Rajewsky, 2012a: 16) e polissêmico (Mariniello, 2011: 11). A seção seguinte apresenta alguns desses nomes, juntamente com suas propostas para definição de *intermidialidade*.

AUTORES REFERENCIAIS E DEFINIÇÕES DE INTERMIDIALIDADE

Irina Rajewsky, professora associada de Literatura na Universidade de Berlim, tornou-se um nome incontornável nos estudos da intermidialidade. Partindo da relação entre literatura e outras mídias, sua pesquisa se amplia para outros campos do saber. Ela tem como postulado para essa expansão a ideia de que a intermidialidade se define como um *cruzamento de fronteiras*. Essa ideia de superação de limites fronteiriços entre mídias constitui, para a autora, "uma categoria fundadora da intermidialidade" (Rajewsky, 2012a: 52).

Segundo Rajewsky, o debate atual sobre intermidialidade aponta para duas compreensões básicas: 1) intermidialidade, em sentido amplo, vista "como uma condição ou categoria fundamental", isto é, como um ponto de vista a partir do qual pensar textos e produtos e 2) intermidialidade entendida como "uma categoria crítica para a análise concreta de produtos ou configurações de mídias individuais e específicas" (Rajewsky, 2012b: 19). A primeira dimensão é mais teórica e está centrada nas discussões sobre a própria categoria analítica, ao passo que a segunda é mais aplicada e focaliza na utilização prática do conceito para a compreensão de fenômenos particulares.

Além disso, Rajewsky propõe que as abordagens realizadas a partir desta ideia central de "cruzamento de fronteiras" podem ser desenvolvidas a partir de uma perspectiva diacrônica, "uma história intermidiática das mídias" e/ou de uma perspectiva sincrônica que "desenvolve uma tipologia de formas específicas de intermidialidade" (Rajewsky, 2012b: 19). Isto é, ela sustenta que há interesse tanto em estudar as modificações das mídias e de suas relações ao longo do tempo, como em examinar as configurações entre mídias que ocorrem em um mesmo momento da história.

Jürgen Ernst Müller, professor em Ciências das Mídias da Universidade de Bayreuth, na Alemanha, é outra figura emblemática dos estudos da intermidialidade. O pesquisador acredita que a inundação das novas mídias nos tornou expostos a uma "cacofonia midial". Para ele, o conceito de intermidialidade ajuda a compreender esse novo contexto:

> [o] potencial da noção de intermidialidade parece residir no fato de que ela transgride as restrições da pesquisa sobre a mídia "literatura", e de que ela opera uma diferenciação das interações e das interferências ENTRE várias mídias e orienta a pesquisa em direção das *materialidades* e as funções sociais desse processo. (Müller, 2006: 103; tradução nossa, maiúsculas e itálico do autor)

A força do conceito é, a seu ver, a de nos permitir estabelecer distinções e diferenciações na "cacofonia" midiática que caracteriza o mundo contemporâneo. Distinguir elementos individuais e compreender as relações que guardam entre si, como propõem os estudos em intermidialidade, ajuda a compreender melhor o novo contexto de mídias em que estamos imersos, bem como suas implicações para a vida em comum.

Para Müller, as mídias estão sempre incrustradas em um contexto sócio-histórico específico, isto é, elas assumem sentidos diversos segundo as condições sociais concretas em que ocorre seu funcionamento. Por isso, para esse pesquisador, "a *sociabilidade* da intermidialidade é um dos fatores cruciais a ser explorado" (2006: 99; tradução nossa, itálico do autor). Assim, ele considera a intermidialidade um meio, um instrumento de análise e não uma teoria fechada em si mesma, nem uma chave capaz de decifrar qualquer tipo de mídia. Segundo o pesquisador, a intermidialidade é, antes de tudo, um "eixo de pertinência". Esse eixo de pertinência intermidiático possibilita pesquisas a partir de "casos paradigmáticos". Nessa perspectiva, é possível olhar a intermidialidade como um campo renovador em alguns "campos tradicionais de pesquisa" (Müller, 2012: 82-83).

Essa perspectiva de Müller faz com que ele considere que as pesquisas nesta área ainda estejam muito ligadas à literatura, às teorias literárias ou intertextuais. Para superar esses limites, ele propõe "um trabalho histórico, descritivo e indutivo que conduzirá progressivamente a uma arqueologia e uma geografia dos processos intermidiáticos incluindo as novas mídias" (Müller, 2006: 99; tradução nossa). Nessa proposta, intermidialidade é tomada como um processo, um "*work in progress*".

Claus Clüver, professor emérito da Indiana University (EUA), é um dos pesquisadores mais celebrados na área, tendo utilizado o termo "intermidialidade" já nos anos 1980. Para Clüver, "intermidialidade implica todos os tipos de inter-relação e interação entre mídias" (Clüver, 2012: 9). Sua definição reforça, assim, a imagem de "cruzamento de fronteiras" celebrada por Rajewsky, bastante recorrente entre os pesquisadores da área.

Clüver é uma das figuras centrais da crítica, já mencionada acima, do caráter limitado do rótulo "estudos interartes". Ele insiste que "intermidialidade" abrange não apenas o que se entende mais "amplamente como 'artes' (música, literatura, dança, pintura e demais artes plásticas, arquitetura, bem como formas mistas, como ópera, teatro e cinema) mas também às 'mídias' e seus textos" (Clüver, 2006: 18). Dessa forma, o pesquisador não apenas amplia o campo de aplicação do conceito aos estudos antes reservado apenas ao que se entendia por arte erudita, mas também reforça a noção de que os estudos de intermidialidade examinam uma relação entre objetos.

Segundo ele, o conceito de intermidialidade "cobre pelo menos três formas possíveis de relação: relações entre mídia em geral (relações intermidiáticas); transposições de uma mídia para outra (transposições intermidiáticas ou intersemióticas); união (fusão) de mídias" (Clüver, 2006: 24). Em cada uma dessas dimensões, é a dinâmica de interação entre as mídias que constitui o foco de interesse (relação, transposição, fusão).

No âmbito de suas reflexões sobre fusão, Clüver desenvolve o conceito de configurações midiáticas, que se torna central para os estudos no campo. Ele sugere a distinção entre textos multimídias, textos mixmídias e textos intermídias ou intersemióticos (isso será desenvolvido no capítulo "Intermidialidade como categoria analítica"). O termo "texto", como é empregado por Clüver e como será explorado ao longo deste livro, é utilizado em sentido amplo. Adota-se, aqui, a definição proposta por Santaella, para quem "texto se refere a mensagens em quaisquer códigos", o que permite chamar de texto "os mais diversos fenômenos culturais: filmes, danças, happenings, peças musicais, cerimônias, pinturas e até espetáculos circenses" (Santaella, 2005: 277).

Werner Wolff, professor de Literatura Inglesa na Universidade de Graz, na Áustria, desenvolve sua pesquisa sobre intermidialidade a partir da relação entre literatura e música. O pesquisador sugere que intermidialidade pode ser entendida de modo mais restrito ou mais amplo. No sentido restrito, ela diz respeito "à participação direta ou indireta de mais de uma mídia na significação e/ou estrutura de uma dada entidade semiótica" (Wolf, 2011: 3; tradução nossa). No sentido amplo, intermidialidade "se aplica a qualquer transgressão de fronteiras entre mídias convencionalmente distintas... e compreende, assim, tanto relações 'intra-' como 'extra-composicionais' entre diferentes mídias" (Wolf, 2011: 3; tradução nossa).

A partir desse entendimento, o teórico propõe duas categorias de análise: a da intermidialidade intracomposicional e a da intermidialidade extracomposicional (essas categorias são exploradas mais longamente no capítulo "Intermidialidade como categoria analítica"). A intermidialidade intracomposicional, segundo Wolf, revela a multi ou a plurimidialidade de uma mídia. Nessa categoria, a presença de outra mídia aparece no interior da mídia em questão, mas esta segunda mídia não se mostra de forma dominante.

A intermidialidade extracomposicional, por sua vez, transcende trabalhos individuais, diferentemente da intermidialidade intracomposicional. Ela é composta por dois fenômenos que revelam relações entre mais de uma mídia: a transmidialidade (características dos fenômenos não específicos da mídia e que ocorrem em mais de um meio; por exemplo, a narratividade da música e da literatura) e a transposição intermidiática (transferência do conteúdo ou das características formais de uma mídia fonte para uma mídia de destino, por exemplo, um romance que é adaptado para um filme).

A esses dois fenômenos, Wolf acresce o processo de remediação (verificar capítulo "Remediação, imediaticidade e hipermidiação" deste livro). Wolf busca, assim, pensar o conceito de intermidialidade separando em diferentes categorias as relações das mídias. Ele distingue os processos que acontecem no interior semiótico da mídia e a relação externa da mídia em relação a outras mídias.

Bernard Vouilloux, pesquisador e professor da universidade Paris-Sorbonne (Paris IV) na área de literatura francesa, concentra sua pesquisa em intermidialidade nas relações entre o verbal e o visual. Focalizando suas pesquisas em literatura, artes e mídia, Vouilloux sugere que a intermidialidade é uma nova versão de interartes ou interartialidade. Segundo Vouilloux, a intermidialidade não busca ampliar os estudos nessa área, mas "renovar as problemáticas regionalizando-as e colocando no centro das suas preocupações a questão da 'mídia'" (Vouilloux, 2015: 56; tradução nossa).

A noção de mídia, para Vouilloux, é herdeira das ciências da informação e da comunicação. O pesquisador observa que a reflexão sobre mídia ganha impulso com o surgimento das novas mídias (digitais) que ajudam a compreender outros produtos que surgiram antes como, por exemplo, o romance, a pintura, a música, entre outros. Assim, atualmente, os estudos da intermidialidade cobrem pesquisas nas áreas da comunicação e da informação, mas também incluem as obras de arte, a literatura. O pesquisador busca refletir sobre de que forma os objetos diversos, vindos tanto da cultura popular como da erudita, se relacionam e como é possível analisar seu modo de se relacionar a partir da intermidialidade.

Éric Méchoulan é professor do departamento de Literaturas de Língua Francesa na Universidade de Montreal, no Canadá. Em 2006, fundou e dirigiu a revista *Intermédialités*. No campo da intermidialidade, sua pesquisa está voltada à história intermidial das ideias, a arquivos e memória e à passagem do tempo.

Méchoulan sustenta que a intermidialidade estuda "textos, imagens e discurso [que] não são apenas ordens de linguagem ou de símbolo, mas também suportes, modos de transmissão, aprendizagens de códigos, lição de coisas" (Méchoulan, 2003: 10; tradução nossa). Para o pesquisador, é pelo material que a comunicação encontra sua significação e referência. Por isso, para além das produções simbólicas, é sob essa perspectiva que se deve pensar a intermidialidade.

O autor destaca a importância do sufixo -dade, que acrescenta uma dimensão abstrata à ideia de intermidialidade e convida, assim, a uma reflexão suplementar.

O conceito de intermidialidade solicita, para Méchoulan, três níveis diferentes de análise: 1) das relações entre as diversas mídias (a intermidialidade se dá a partir de mídias preexistentes); 2) do caldeirão de diferentes mídias que dá origem a uma mídia circunscrita (a intermidialidade aparece antes das mídias); 3) do meio que determina a forma e o sentido da mídia (a intermidialidade está presente em toda a prática da mídia). Assim, segundo ele, a intermidialidade "será analisada em função do que são 'meios' e 'midiações' como também 'efeitos do imediatismos', 'fabricações de presença' ou de 'modos de resistência'" (Méchoulan, 2013: 26; tradução nossa).

André Gaudreault é professor de Cinema na universidade de Montreal e professor titular da cadeira de Estudos Cinematográficos e midiáticos. O pesquisador desenvolve vários trabalhos em parceria com **Philippe Marion,** doutor em comunicação social e responsável pela orientação "análise e mídia" do departamento de comunicação da Universidade Católica de Louvain, na Bélgica.

Gaudreault e Marion refletem sobre a intermidialidade com base na ideia de "porosidade" entre os meios de comunicação. Em ecossistemas determinados de diferentes meios de comunicação, todos os componentes estão interligados e transitam em um espaço de relação e de trocas que gera novos produtos. A partir da permeabilidade entre esses meios e da possibilidade da superação de fronteiras entre eles, a intermidialidade proporciona um ambiente em que os meios de comunicação encontram a possibilidade de operarem trocas intermidiáticas (Gaudreault e Marion, 2016: 54).

Gaudreault considera ainda a intermidialidade uma ferramenta e a define como um "conceito que permite designar o processo de transferência e de migração entre as mídias" no que diz respeito à "forma e aos conteúdos". É a partir desse entendimento que ele aponta para a importância da intermidialidade para estudar e compreender a evolução da linguagem cinematográfica (Gaudreault, 1999: 175; tradução nossa).

Lars Elleström foi professor de Literatura Comparada do departamento Cinema e Literatura, na Linnaeus University, na Suécia. Ele também presidiu o conselho da International Society for Intermedial Studies (ISIS) e liderou o Centre for Intermedial and Multimodal Studies (IMS). Em um momento em que a intermidialidade já superou e muito as fronteiras da literatura, Elleström amplia esse campo de pesquisa ao integrar a perspectiva da intermidialidade aos estudos de literatura comparada, música, cinema e artes plásticas, comunicação social e linguística. O pesquisador acredita que "[a] intermidialidade é um ângulo analítico que pode ser empregado com sucesso para desvendar algumas das complexidades de todos os tipos de comunicação" (Elleström, 2021: 11).

Em seu artigo "Adaptação e intermidialidade", Elleström sustenta que intermidialidade é o estudo das "relações específicas entre produtos de mídias distintos e [d]as relações gerais entre os diferentes tipos de mídia" (Ellström, 2017: 201). A intermidialidade, segundo Ellström, não apenas "destaca as diferenças entre as mídias" (Ellström, 2017: 201), mas também suas semelhanças e as funções constitutivas que ajudam a construir a comunicação.

Para o pesquisador, os estudos teóricos devem ser divididos em duas grandes perspectivas: a sincrônica, que busca entender, analisar, comparar a combinação e a integração dos traços fundamentais de mídia e que enfatiza a mídia como produto, tipo, com traços específicos; e a diacrônica, que busca compreender e descrever as transferências e transformações dos traços das mídias e que enfatiza a distância temporal, a gênese, a relação que o receptor faz de uma mídia em relação a seu repertório midiático.

Para Ellström, a imagem de "ponte" mostra o sentido principal do prefixo "inter" no termo intermidialidade. E, por essa razão, para ele "a intermidialidade deve ser compreendida como uma ponte que conecta as diferenças entre as mídias e cujo alicerce são as semelhanças entre as mídias" (Ellström, 2021: 13).

Esse autor desenvolve e propõe métodos e ferramentas para a análise dos fenômenos intermidiáticos. Propõe três tipos complementares de mídia (básica, qualificada e técnica), modos e modalidades para melhor entender a estrutura da mídia e sua relação com outras mídias. A teoria de Ellström será esboçada no capítulo "Midialidade, intermidialidade e comunicação: o modelo de Lars Ellström".

Também no Brasil, os estudos da intermidialidade têm conhecido importante desenvolvimento.

Solange Ribeiro de Oliveira, professora colaboradora e professora emérita da Universidade Federal de Ouro Preto (UFOP), desenvolve sua pesquisa em literatura comparada e intermidialidade. A partir dos estudos das últimas décadas, Oliveira define intermidialidade como um

> [...] conceito utilizado para tratar de várias maneiras pelas quais as mídias podem se relacionar, ou seja, para examinar: as relações gerais entre as mídias, as transformações de uma mídia para outra, as combinações de mídias e os fenômenos inerentes a várias delas. (Oliveira, 2020: 12)

A pesquisadora acredita que a discussão em torno da intermidialidade está em plena evolução e não é possível fechar o tema em torno de "especificidades e diferenças midiáticas".

Thaïs Flores Nogueira Diniz tem sido uma pesquisadora de referência nos estudos sobre a intermidialidade no Brasil. Em 2005, Diniz, em parceria com Claus Clüver, fundou o grupo de pesquisa CNPq "Intermídia: Estudos da Intermidialidade", alocado na Universidade Federal de Minas Gerais. O grupo conta com pesquisadores de universidades brasileiras e estrangeiras e investe na pesquisa no campo da intermidialidade sob vários aspectos.

Os nomes apresentados neste capítulo formam uma grande constelação de pesquisadores que têm se empenhado em ampliar os estudos sobre intermidialidade ao investigar e aprimorar os conceitos desenvolvidos nessa área. Conhecer suas contribuições permite que estudantes e pesquisadores que desejem aprofundar seus estudos neste campo componham um panorama do estado da arte dos estudos em intermidialidade.

MÍDIA:
É POSSÍVEL DEFINIR?

Ouvimos falar de mídia todos os dias. "A mídia está fazendo seu papel", "Ela tem boas relações com a mídia", "É preciso ouvir criticamente o que diz a mídia" e afirmações semelhantes são corriqueiras em nosso dia a dia. Elas apontam para o senso comum que entende mídia como sinônimo de veículos de informação: a televisão, o rádio, o jornal impresso, as revistas. Esse é um sentido possível e importante, mas, para os estudos da intermidialidade, insuficiente e, potencialmente, redutor.

Mídia é um termo extensamente utilizado para além do senso comum e recebe uma pluralidade de definições, a depender da área em que se insere. Há uma miríade de propostas para a delimitação do termo, provindas de diferentes áreas de pesquisa, como a Filosofia, a Sociologia, a Economia, a Comunicação ou a Tecnologia de Informação, por exemplo. Por isso, para os interessados em intermidialidade – conceito que supõe a ideia de mídia – revela-se essencial definir o sentido que se dá ao termo.

Herbert Marshall McLuhan, reconhecidamente uma das vozes mais importantes em comunicação de massa, é uma referência incontornável no debate sobre o conceito de mídia. Em *Meios de comunicação como extensões do homem,* publicado em 1964, McLuhan discute as formas pelas quais as tecnologias representam extensões do corpo e da inteligência do homem. Sua célebre frase "*the medium is the message*" ("o meio é a mensagem") antecipa a ideia que hoje faz parte dos estudos da intermidialidade, de que a mídia é indissociável do sentido da mensagem.

A tradução de mídia por *meio* – e não por mídia, como teríamos em "a mídia é a mensagem" – aponta para a complexidade desse termo, assim como para a importância de defini-lo com clareza quando se realizam estudos sobre as relações entre as mídias, isto é, estudos em intermidialidade.

MÍDIA: CONCEITO CENTRAL, CONCEITO CONTROVERSO

O termo *mídia* é objeto, como se disse, de várias definições. Meio, suporte, entre outros substantivos, são usados para definir o termo que, aparentemente, reluta em aceitar uma acepção única. Nos estudos da intermidialidade, essas variações do sentido do termo mídia constituem um desafio permanente para os pesquisadores. As discussões sobre as relações entre as mídias ampliam o debate em torno do sentido e do alcance dos fenômenos intermidiais e revelam uma dinâmica de transformação de sua acepção dentro e a partir dessas discussões.

Com o desejo de superar essas dificuldades e incrementar as pesquisas no campo da intermidialidade, é grande o empenho em definir o termo *mídia*. Vários pesquisadores buscam essa definição, cuja estabilização poderia representar um marco para os estudos da intermidialidade. Face às várias definições para o termo, é importante que todo pesquisador que se envereda por esse campo de pesquisa deixe claro o que entende por *mídia* ou, dito de outro modo, esclareça a carga semântica que atribui ao termo. Além disso, é preciso que ele articule, de forma coerente, a definição adotada com as bases teóricas a partir das quais desenvolve seus estudos em intermidialidade.

Vários pesquisadores importantes fizeram esse movimento de estabelecer, no início de seus trabalhos, o modo pelo qual significavam esse termo central. Revela-se importante, para aqueles que desejam trabalhar nesse campo, compreender essas definições e encontrar a que melhor se articula com o referencial teórico sobre intermidialidade que tenha adotado. A próxima seção elenca autores que contribuem para esse debate e que têm papel relevante no campo de investigação da intermidialidade.

MÍDIA E INTERMIDIALIDADE

Rainer Bohn, Eggo Müller e Rainer Ruppert (1988) definem mídia como aquilo "que transmite para e entre seres humanos um signo (ou um complexo sígnico) repleto de significado com o auxílio de transmissores apropriados, podendo até mesmo vencer distâncias temporais e/ou espaciais" (Bohn, Müller e Ruppert, 1988, citado por Clüver, 2006).

Essa acepção traz à tona elementos importantes a serem considerados nos debates sobre intermidialidade, como a "transmissão de um conceito e sua forma linguística", as "pessoas envolvidas" nesta transmissão, a "carga de sentido" que é aferida à mídia, o "veículo que a transmite", o "momento temporal" em que ela se insere e sua "circulação no espaço" em que transita. Todos esses elementos tornam-se ponto de discussão nas reflexões sobre o termo *mídia* e compõem parte importante dos debates na área da intermidialidade.

Quase uma década mais tarde, em 1996, Jürgen E. Müller retoma a definição de Bohn, Eggo Müller e Ruppert e a ratifica em seu livro *Intermedialität: Formen moderner kultureller*

Kommunikation (Intermidialidade: formas de comunicação cultural moderna), chamando a atenção para a dinâmica que se estabelece entre cada uma dessas dimensões (forma linguística, receptor, veículo, tempo, circulação).

Em 2006, em artigo que reflete sobre as possibilidades na pesquisa sobre intermidialidade, **Jürgen E. Müller** retoma a questão. Com base em sua definição de mídia, ele lança a premissa de que as mídias devem ser consideradas como entidades "onipresentes" que se entrecruzam constantemente. O pesquisador acredita que qualquer mídia, antes mesmo da sua criação, já é idealizada a partir de um conjunto de mídias pré-existentes. Isso desestabiliza noções de mídias como entidades estanques e autocontidas, fazendo convergir, necessariamente, o olhar intermidial e a definição de mídia.

Essa proposição de Müller tem implicações importantes. Para o estudo de gêneros, por exemplo, essa perspectiva implica considerar a "materialidade" da mídia que "constitui – de maneira explícita ou implícita – um pressuposto de todas as abordagens intermidiáticas, que devem se basear nas interações entre diferentes 'materialidades' midiáticas" (Müller, 2006: 101; tradução nossa). Müller insiste na vinculação necessária entre "materialidade da mídia" e "interações entre materialidades" como elemento para a reflexão sobre a intermedialidade.

André Gaudreault e **Philippe Marion** também chamam a atenção para a importância da relação entre mídias como elemento central para bem conceituar o termo. Os autores acreditam que para compreender uma mídia de forma satisfatória "é preciso capturá-la em relação às outras mídias, é pela intermidialidade, pela preocupação intermidiática que se compreende uma mídia" (Gaudreault e Marion, 2000: 27; tradução nossa). Para os pesquisadores, é preciso sempre ter em mente os problemas concernentes à ideia de "origem da mídia". Ao vir ao mundo, sustentam, uma mídia já encontra um universo midiático convencionado e assim lida com "um código já estabelecido" como gêneros, instituições, outras mídias etc.

Essa inserção em um universo midiático pré-existente faz com que Gaudreault e Marion enfatizem o "quanto é problemático e paradoxal a ideia de nascimento de uma mídia", uma vez que, por sua dinâmica de criação, "uma mídia sempre nasce duas vezes" (Gaudreault e Marion, 2000: 22; tradução nossa). Assim como em Müller, o trabalho desses autores também permite perceber o impacto da perspectiva da intermidialidade para as tentativas de definição de mídia. A dinâmica implícita no prefixo *inter-* impulsiona os pesquisadores nesse campo a pensarem a mídia em seu caráter relacional e dinâmico.

As reflexões de Gaudreault e Marion se apoiam na definição do semiólogo **Eliséo Véron**, que propõe que uma mídia é "[...] um conjunto constituído por uma tecnologia *mais* as práticas sociais de produção e de apropriação desta tecnologia, quando há acesso público (quaisquer que sejam as condições deste acesso, que é, em geral, pago) às mensagens" (Gaudreault e Marion, 2000: 26; tradução nossa, itálico do autor). Véron adiciona, às inter-relações entre mídias, as conexões com as práticas sociais dentro das quais as mídias funcionam, reforçando, assim, a ideia de que as definições de mídia, nesse campo de estudo, são marcadas por um movimento constante.

Werner Wolf, em *Intermediality* (2005) indica que, no contexto dos estudos de intermidialidade, mídia é entendida como "meios convencionalmente distintos de comunicar conteúdos culturais. É caracterizada, em primeiro lugar, pela natureza de seus sistemas semióticos subjacentes [...] e, só em segundo lugar, pelos canais técnicos ou institucionais" (Wolf, 2005: 253; tradução nossa).

Em 2011, Wolf reelabora essa primeira definição. Nesse segundo momento, ele propõe mídia como "meios de comunicação convencionalmente e culturalmente distintos, especificados não apenas por canais institucionais ou técnicos particulares (ou por apenas um canal), mas, prioritariamente, pelo uso de um ou mais sistemas semióticos na transmissão pública de conteúdos que incluem, mas não se restringem, a 'mensagens' referenciais" (Wolf, 2011: 2; tradução nossa).

Tanto a primeira versão como sua forma reelaborada chamam a atenção para uma apreensão fortemente dinâmica de mídia. Elas implicam "sistemas", "canais" e "usos", cujo sentido não pode ser compreendido senão na relação entre essas dimensões.

A definição de Wolf se mostra particularmente produtiva no campo da intermidialidade pois enfatiza a importância de se pensar não apenas no modo como a mídia se revela em um meio de comunicação distinto, mas também no papel central do receptor para a compreensão do conceito. O pesquisador acredita que a mídia representa um diferenciador importante quando o conteúdo é selecionado, apresentado e recebido pelo receptor.

Irina Rajewsky propõe que, para encontrar um modo para definir uma mídia e distingui-la de outras mídias, é preciso observar o contexto histórico e discursivo dentro do qual ela é percebida pelos receptores. Dedicando-se mais ao estudo das relações entre as mídias do que à busca para elaborar uma definição única para o termo, a pesquisadora evidencia, em sua obra, as implicações que a moldura teórica mais ampla da intermidialidade tem para a apreensão da categoria mídia.

Esse caráter necessariamente histórico e situado das mídias faz com que, no entender de Rajewsky, atualmente seja preciso pensar as relações que as mídias têm entre elas quando se relacionam em um "panorama midiático global" (Rajewsky, 2021b: 56). Assim, Rajewsky acredita que a recepção da mídia não depende apenas de convenções, como nos gêneros textuais, porque elas "fundam-se adicionalmente em certas condições materiais e operativas". Estas condições estão expostas a mudanças que podem ser históricas ou tecnológicas (Rajewsky, 2021b: 69) e são imprescindíveis para a formulação de conceitos de mídia.

Claus Clüver retoma a definição de Rainer Bohn, Eggo Müller e Rainer Ruppert (1988), para os quais mídia é a "transmissão como um processo dinâmico e interativo" e acrescenta que neste procedimento encontram-se implicadas "a produção e a recepção de signos por seres humanos" que exercem dois papéis, o de emissor e o de receptor (Clüver, 2012: 9).

Para Clüver, é preciso estudar o modo como a mídia se concretiza, pois é ela que vai sempre viabilizar e prover a "configuração midiática" que será transmitida. Essa configuração implicará os "*meios físicos e/ou técnicos* [que] são as substâncias como também os instrumentos ou aparelhos utilizados na produção de um signo em qualquer mídia" (Clüver, 2012: 9; itálico do autor).

Clüver propõe o conceito de "configurações midiáticas" em que ele distingue três tipos de texto – *multimídia*, *mixmídia* e *intermídia ou intersemiótico* (ver capítulo "Intermidialidade como categoria analítica") – que buscam analisar as mídias em seu ambiente interno, como um texto individual, antes de relacioná-las com outras mídias. Ao considerar a mídia como um texto individual e pensá-la em sua interação com outras mídias, ele destaca como ela está permanentemente sujeita a transformações. Sendo assim, a análise de uma mídia no campo da intermidialidade pode se dar de forma sincrônica ou diacrônica visto que "todas as mídias exibem, de formas diferentes, aspectos temporais e espaciais" (Clüver, 2012: 20).

Tanto a materialidade das mídias quanto a função do receptor têm sido cada vez mais valorizadas nos estudos da intermidialidade e da recepção da mídia. Os pesquisadores em intermidialidade têm compreendido que só é possível definir uma mídia e seu sentido se for levado em conta como esse produto se revela materialmente e como é identificado e compreendido por seu receptor.

As diferentes propostas contemporâneas de definição do termo *mídia*, segundo **Claude Paul**, provêm de sua ligação estreita com o termo *intermidialidade*, que, segundo o pesquisador, é "um conceito com significação flutuante e cujas características e limites variam segundo os pesquisadores, os objetivos que buscam ou os objetos estudados" (Paul, 2015: 11; tradução nossa). Paul salienta, assim, a dialética que se viu nas definições anteriores, em que noções de mídia e de intermidialidade se constituem reciprocamente.

Em seu artigo "En quoi la littérature comparée est-elle essentielle pour comprendre et analyser les phénomènes intermédiaux?" (2015), Claude Paul lança sua definição de mídia a partir formulação de Marie-Laure Ryan e Werner Wolf. O pesquisador vê mídia como

> um meio de comunicação considerado tradicionalmente e culturalmente como distinto, caracterizado não por um vetor institucional ou técnico específico, mas pelo recurso a um ou vários sistema(s) semiótico(s) na transmissão pública de um conteúdo que inclui, mas não se limita a, uma "mensagem" de tipo referencial. (Paul, 2015: 12; tradução nossa)

Paul sugere um "denominador comum", optando por uma definição que possa garantir uma certa flexibilidade em seu emprego e que não negligencie o aspecto "material" do fenômeno. Evocando McLuhan, o pesquisador indica ainda que a forma determina em parte o conteúdo e que o modo de expressão marca com seu traço o que é expresso, afirmando, ainda, que esse termo aponta para um processo de "era de massa".

Bernard Vouilloux observa que, devido à sua importância para os estudos sobre a intermidialidade, o conceito de mídia passou a sofrer um uso "inflacionista" (Vouilloux, 2015: 56; tradução nossa). Nesse processo, o termo passou a ser referido para apresentar três realidades distintas: o código (sistema de signos ou símbolos), o canal (o que liga emissor e receptor) e o suporte (veículo da mensagem) (Vouilloux, 2015: 62-63).

Vouilloux, desenvolve sua pesquisa em língua francesa e utiliza, portanto, os termos *média* e *médium*. *Médium* e *média* (grafados assim, em francês) são os substantivos recorrentes para discutir os fenômenos da intermidialidade. Para o pesquisador, "no registro midiático, o *médium* só representa o 'meio de comunicação' de uma mensagem" (Vouilloux, 2015: 64; tradução nossa).

Segundo Vouilloux, todo *médium* pode ser descrito sob o ponto de vista de três eixos: 1) eixo das condições culturais, técnicas, econômicas e sociais nas quais sua produção está inserida; 2) eixo das operações das quais ele representa o lugar e 3) eixo das condições culturais, técnicas, econômicas e sociais que emolduram sua difusão e recepção.

A formulação de Vouilloux, com as inter-relações que estabelece entre eixos abarcando dimensões diferentes de funcionamento da mídia, reforça a ideia de que, no contexto dos estudos das intermidialidade, as propostas de definição do termo são dinâmicas e indissociáveis da leitura mais geral que o pesquisador faz de seu campo de estudo.

Essa perspectiva dialética também se vê na obra de **Jan Baetens**. Baetens observa que a definição de uma mídia não pode ser reduzida a uma pura questão técnica ou tecnológica. Segundo ele, "a mídia configura um suporte que se presta a acolher, conservar, difundir, transformar a informação" (Baetens, 2009: 79; tradução nossa).

O autor destaca ainda que uma mídia compreende três aspectos ou dimensões indissociáveis: um suporte de inscrição, uma combinação de signos, um conteúdo específico. Segundo Baetens, qualquer modificação de um aspecto leva a modificações dos outros dois (Baetens, 2009: 79-80; tradução nossa).

Além disso, Baetens sustenta que uma mídia possui uma forte dimensão social ou cultural, influenciando o modo como é utilizada. A mídia não pode ser separada de seu contexto de funcionamento e representa assim uma interface entre o homem e o mundo.

Pascal Krajewski assinala que, a princípio, mídia "designa o que serve de suporte à transmissão de alguma coisa modulando assim inter-relações" (Krajewski, 2015: 2; tradução nossa). Ele propõe três usos diferentes do termo *mídia* e de seus derivados, que indicam panoramas diferentes e parcialmente redundantes.

O primeiro uso diz respeito a seu emprego mais popular: as mídias e a midiateca; ou seja, informações e seus suportes de difusão. Nesse universo, o autor destaca a multimídia (difusão simultânea e associada de conteúdos de diferentes mídias em uma única mídia) e a transmídia (capacidade de uma obra de se desenvolver em mais de uma mídia em relação aos conteúdos produzidos em outras lógicas midiáticas – por exemplo, uma série que gera uma constelação midiática com jogos, blogs, podcast etc.).

O segundo uso se refere a seu emprego científico: as mídias e a midialogia. Krajewski evoca McLuhan para retomar a existência de *médium* (meio pelo qual o homem se projeta no mundo) e mensagem/conteúdo (coisas que escolhe fazer, tratar ou transmitir com esse instrumento). O pesquisador indica aqui quatro dimensões: "um processo geral de simbolização", "um código social de comunicação", "um suporte físico de inscrição ou de estocagem" e "um dispositivo de difusão com modo de circulação correspondente" (Krajewski, 2015: 5; tradução nossa).

O terceiro uso está no âmbito estético. Essa categoria, segundo o autor, se encontra entre duas vertentes, "a abordagem material e a vontade da arte". Nessa relação, emerge o sentido do que é veiculado. Krajewski propõe que as "novas mídias" (digitais, eletrônicas, tecnológicas etc.) representam uma teia artística quando se submetem a regras delimitadas em seu momento de produção que se adequam ao sentido que desejam transmitir. Ele propõe que as "novas mídias formarão uma arte *per se*, serão um *médium* artístico com a condição de suas obras serem artísticas e *sui generis*" (Krajewski, 2015: 7; tradução nossa).

Eric Méchoulan destaca a materialidade da comunicação (textos, imagens, discurso que se tornam suportes, modos de transmissão, aprendizagens de códigos, lição de coisas) para desenvolver sua definição de mídia. Ideias e componentes concretos agem juntos para a produção de sentido, criando relações entre sensível/sensato, físico (matéria)/ semântico (ideia) (Méchoulan, 2003: 14; tradução nossa). As mídias necessitam, assim, de "canais materiais e técnicos" que possuam uma porosidade imediata e sejam capazes de divulgar sentido no momento em que são veiculadas (Méchoulan, 2010: 248; tradução nossa). Nesse processo, a mídia coabita o espaço com outras mídias e constitui seu sentido. Ainda uma vez, há um viés dialético no modo de se pensar a definição de mídia.

Para Méchoulan, a mídia opera uma função dupla: ela representa um produto que transmite a mensagem, ao mesmo tempo que dá continuidade a processos mentais (Méchoulan, 2003: 15; tradução nossa). Nessa duplicidade, a mídia torna acessível ao receptor conteúdos, formas, ideias e incrementa o trânsito de mensagens, as trocas em sociedade (Méchoulan, 2003: 16; tradução nossa). A tecnologia envolvida na constituição da mídia, segundo Méchoulan, representa "papel importante nos modos de apreender e de construir sentido" ainda que, de algum modo, ela se apague no momento de transmissão de sentido.

Para **Lars Elleström**, "mídia é um termo empregado de forma ampla, e seria inútil tentar encontrar uma definição direta que abrangesse todas as noções que se encontram por trás dos diferentes usos da palavra" (Elleström, 2017: 51).

Elleström vê a mídia de modo abrangente e como um "estágio intermediário da comunicação" (Elleström, 2017: 17); assim, mídia e comunicação se tornam "interdependentes e mutuamente explicativas" (Elleström, 2017: 17). Para ele, toda mídia carrega características fortemente multimodais (os modos das mídias e suas características intermidiais serão explorados no capítulo "Midialidade, intermidialidade e comunicação: o modelo de Lars Elleström"), o que já as caracteriza como intermidiais pois algumas "fronteiras" modais já são cruzadas (Elleström, 2017: 98).

Como há diferentes definições para o termo *mídia* dentro do campo da intermidialidade, Elleström acredita que o mais importante para cada pesquisador é buscar uma definição que responda às questões específicas de seu trabalho. O pesquisador ainda acredita que usar o termo mídia representa um ganho nos estudos da intermidialidade pois "sua etimologia conduz preferencialmente a noções neutras básicas, como meio e espaço intermediário" (Elleström, 2017: 31).

Esse conjunto de definições permite sugerir que, no campo da intermidialidade, as divergências sobre a conceituação da mídia constituem mais uma riqueza do que um problema. Os pesquisadores da área têm adotado, não obstante suas diferenças de enfoque, interesse e ênfase, uma aproximação dialética ao conceito, incorporando o movimento e o deslocamento implícitos no prefixo inter-. As múltiplas definições buscam pensar a mídia a partir da intermidialidade, isto é, a partir do jogo de relações (midiáticas, técnicas, sociais etc.) em que elas se inserem e que as constituem.

INTERMIDIALIDADE COMO CATEGORIA ANALÍTICA

No campo de pesquisa da intermidialidade, podem-se abordar as relações intermidiáticas adotando-se uma perspectiva *sincrônica* ou uma perspectiva *diacrônica*. A perspectiva sincrônica realiza a análise a partir de produtos de mídia que se inter-relacionam em um mesmo momento no tempo, como será explanado neste capítulo através dos trabalhos de Irina Rajewsky, Claus Clüver e Werner Wolf. Já a perspectiva diacrônica leva em consideração a história das mídias, na relação que se estabelece entre elas e a potencial convergência entre mídias diferentes, bem como a evolução de suas formas e funções ao longo do tempo. Esta vertente será explorada através da contribuição de Jürgen Ernst Müller.

As duas abordagens apontam para caminhos de investigação diferentes, mas potencialmente complementares, para analisar um produto de mídia. O exame de um produto midiático no contexto contemporâneo de sua produção e funcionamento será enriquecido por abordagens que situem esse produto dentro de um processo de evolução ou transformação das mídias; de forma similar, um estudo sobre a história das mídias, ou de algum tipo de mídia em particular, certamente deverá recorrer a estudos que detalhem o funcionamento e os modos de interação de uma mídia com outras em um momento específico.

Essas perspectivas também podem ser aplicadas com proveito para refletir sobre a própria intermidialidade como área do saber. Embora isso possa parecer paradoxal, à primeira vista, o fato de essa ser uma área relativamente recente faz com que muitos pesquisadores busquem traçar suas origens, seu ponto inicial, seus antecessores etc. Isto é, esses pesquisadores fazem uma leitura diacrônica da intermidialidade.

Da mesma forma, os novos contextos midiáticos, em que se misturam dimensões sociais e técnicas e que são compostos por diversos discursos, usos e práticas e que se desdobram em múltiplas formulações teóricas, convidam também os pesquisadores a buscar estabelecer uma avaliação da moldura presente desse campo. Esses pesquisadores lançam um olhar sincrônico sobre a intermidialidade.

Essas duas perspectivas oferecem possibilidades importantes de investigação no campo da intermidialidade e abrem diferentes perspectivas para novas compreensões sobre as relações entre diferentes práticas artísticas, culturais, configurações e produtos materiais. Na obra de autores referenciais nos estudos intermidiais, elas são objeto de diferentes abordagens e de diferentes propostas de categorização.

INTERMIDIALIDADE: SUBCATEGORIAS INDIVIDUAIS E CONFIGURAÇÕES MIDIÁTICAS

Para que "o emprego de intermidialidade enquanto categoria descritiva e analítica de certos fenômenos" seja produtivo, afirma Irina Rajewsky, é preciso "discriminar grupos de fenômenos, cada qual exibidor de uma qualidade intermidiática preeminente" (Rajewsky, 2012a: 57). Rajewsky postula, assim, a existência de uma diversidade de manifestações intermidiáticas e acredita que é necessário distingui-las para que a intermidialidade possa ser utilizada como ferramenta eficiente para descrever e analisar fenômenos particulares.

Rajewsky propõe, assim, três "subcategorias" individuais de intermidialidade. A primeira, *transposição midiática*, analisa a relação entre duas ou mais mídias. As outras duas, a *combinação de mídias* e as *referências intermidiáticas*, por sua vez, estudam uma única mídia e focam nas manifestações midiáticas que ocorrem em seu interior semiótico. Na formulação dessas categorias, Rajewsky adota uma perspectiva sincrônica sobre os fenômenos intermidiáticos.

A *transposição midiática* é a subcategoria que diz respeito ao processo pelo qual um texto de origem, ou texto fonte, expresso em um tipo de mídia, passa por uma transformação e gera uma outra configuração de sentido em uma outra mídia, a mídia de destino. Essa subcategoria ajuda a embasar estudos que, como no campo da adaptação, investigam as mudanças causadas no texto fonte a partir do seu deslocamento para outro espaço semiótico, como, por exemplo, ocorre quando um romance é transposto para um filme, para uma HQ ou para um videogame.

A peça teatral *Romeu e Julieta*, de William Shakespeare, é um dos exemplos mais claros de como um texto fonte pode sofrer transposições para diferentes ambientes semióticos, em um processo que ressignifica o texto primeiro. O texto de Shakespeare já foi recriado em uma enorme variedade de mídias: cinema, HQs, balé, música, pintura. Cada uma dessas recriações irá reconfigurar o texto fonte no âmbito das solicitações e recursos específicos da mídia de destino.

Entender esse processo como *transposição midiática*, nos moldes como propõe Rajewsky, oferece ao pesquisador um ferramental teórico para compreender melhor as implicações da mudança de ambiente semiótico. Como essa subcategoria busca examinar um processo de transformação midiática, ela sempre tem por objeto ao menos duas mídias diferentes: a mídia fonte e a mídia de destino (esta subcategoria será retomada no capítulo "Adaptações narrativas e intermidialidade").

A subcategoria *referências intermidiáticas* diz respeito ao processo pelo qual uma mídia, dentro de seu espaço semiótico e com seus próprios recursos, refere uma outra mídia, tematizando, simulando alguns de seus elementos, técnicas ou estruturas. É importante indicar que a mídia que faz a referência usa seus próprios meios e técnicas para se referir à mídia evocada, e não os meios e técnicas de outra mídia. Um exemplo dessa subcategoria são imagens de quadros evocados em uma HQ: a partir do seu sistema semiótico e com seus recursos sígnicos, as HQs podem simular pinturas famosas para ajudar a compor a narrativa (mídia referida).

Outro exemplo de *referência intermidiática* são as pinturas fotorrealistas que, valendo-se dos meios e instrumentos da pintura, criam a ilusão de qualidade fotográfica. Nesses casos, é comum o receptor hesitar antes de se dar conta de que está diante de uma pintura, não de uma fotografia. *The guitar player* (2017), obra de arte digital de Dray Van Beeck, ilustra claramente esse processo pelo qual uma mídia, usando seus próprios recursos, pode simular outra mídia. Aqui, é clara a tematização, a evocação da pintura a óleo da tela *The old guitarist* (1903-1904), de Pablo Picasso.

A subcategoria *referências intermidiáticas*, apesar de, como as *transposições intermidiáticas*, envolver também duas ou mais mídias, difere da categoria anterior porque ela sempre tem como base de estudo uma única mídia e as manifestações midiáticas contidas em seu interior semiótico. A relação é de referência, não de transformação, e os recursos expressivos fazem parte da mídia que faz a referência.

A subcategoria *combinação de mídias* também é denominada multi- ou plurimidialidade. Todas essas nomenclaturas implicam a combinação e, portanto, a "co-presença" de pelo menos duas mídias distintas. Essa subcategoria examina o conjunto midiático complexo que compõe um produto de mídia. A diferença em relação às referências intermidiáticas é a de que, aqui, a ênfase está na coexistência de várias mídias que se articulam para a configuração de um produto midiático determinado.

Como exemplo dessa subcategoria, podem-se citar manuscritos com iluminuras, ou ainda HQs, teatro, ópera e cinema, entre outras. A abordagem dessa subcategoria, assim como no caso das referências intermidiáticas, examina o que ocorre no interior de um produto midiático. Ela tem por foco, entretanto, examinar a forma pelas quais os diferentes elementos formam o todo.

Carmen (1875), de Georges Bizet, por exemplo, combina a encenação, danças, música etc. É o funcionamento de todos esses elementos em conjunto que constitui a ópera. Dito de outra forma, é apenas pela combinação dessas dimensões (combinação midiática) que pode existir o produto midiático *ópera*. O mesmo processo ocorre com outras mídias, como as mencionadas, que se constituem como um todo coerente através da combinação de diferentes elementos.

A ópera *Carmen* (1875) é uma transposição midiática da obra literária *Carmen* (1845), de Prosper Mérimée. Desse modo, duas das subcategorias formuladas por Rajewsky podem nos ajudar a analisar esse produto midiático. É possível examinar as duas obras, a de Mérimée como mídia de origem e a de Bizet como mídia de destino, através da subcategoria *transposição midiática*. Esse tipo de estudo teria por objetivo entender o impacto decorrente de transportar um texto escrito para o contexto operístico. Quando analisada individualmente, entretanto, a ópera composta por Bizet revela diferentes produtos semióticos em seu interior e por essa razão pode ser analisada a partir da subcategoria *combinação de mídias*.

Claus Clüver parte da subcategoria *combinação de mídias*, estabelecida por Rajewsky, para desenvolver o conceito de *configurações midiáticas* por meio do qual ele busca "simplificar" e "unificar" a terminologia. Dentro de seu conceito de *configurações midiáticas*, Clüver distingue três tipos de texto: *multimídia, mixmídia* e *intermídia ou intersemiótico*. Cada um deles apresenta diferentes elementos sígnicos e midiáticos.

O texto *multimídia* é uma configuração midiática que tem como característica a combinação de vários textos que colaboram para formar uma única mídia. Esses textos são separáveis, isto é, quando se encontram em sua forma individual também são coerentes e conseguem transmitir um significado completo. A ópera citada anteriormente é exemplo desse tipo de configuração midiática. Ela é um gênero artístico teatral – o que implica a presença de cenografia, figurino e atuação – composto de um drama encenado com música instrumental e canto, podendo haver diálogo falado ou não, assim como dança, vídeos e outras possibilidades de utilização de mídias.

A configuração midiática *mixmídia* também diz respeito a uma única mídia construída a partir da combinação de várias mídias. À diferença dos textos *multimídia*, entretanto, aqui os textos são parcialmente absorvidos uns pelos outros. O que a difere da multimídia é, assim, o fato de que ela é composta de mídias que têm uma dependência entre si e que, se desconectados da totalidade que é o texto *mixmídia*, não apresentariam coerência, nem conseguiriam transmitir um significado completo. Ou seja, fora daquele espaço semiótico, cada um dos textos individuais não seria autossuficiente para propagar a mensagem desejada. Clüver sugere como exemplo dessa combinação os videoclipes que além da música (palavras e música) adicionam uma montagem de textos visuais (imagens). Esse texto visual se torna dependente da composição do videoclipe e não poderia ser plenamente compreendido em isolamento.

A *configuração midiática intermídia ou intersemiótica* também é composta de dois ou mais textos ou mídias, de modo que as formas visual, sonora, verbal etc. de seu sistema semiótico se mostram inseparáveis e indissociáveis. Dois poetas bem conhecidos nos oferecem bons exemplos de *configuração midiática intermídia ou intersemiótica*. Apollinaire, em um de seus caligramas, dispõe as palavras do texto de forma a desenhar uma pessoa com um chapéu. Nesse caso, pode-se perceber não só a dependência dos signos texto escrito e imagem, mas sua absoluta indissociabilidade. A linha de contorno das letras parecem produzidas por um pincel em um quadro pintado com imagens – o todo não é pensável sem a presença concomitante desses elementos.

Augusto de Campos também expressou seu talento poético e artístico por meio de uma *configuração midiática intermídia ou intersemiótica*. Seu poema "Lixo, Luxo" (1965) é um exemplo desse tipo de configuração. A composição visual do poema mostra a palavra "lixo" escrita a partir da formação de suas letras compostas com a repetição da palavra "luxo". As duas palavras apresentam relação paronomásica, uma vez que têm sua formação a partir de quatro letras e som quase idênticos: apenas uma vogal é diferente, o que gera a proximidade fonética. Nesse exemplo, os signos que compõem o sistema semiótico são inseparáveis, pois é a partir de sua combinação que surge o poema.

Os três tipos de configuração midiática propostos por Clüver, bem como as categorias formuladas por Rajewsky, ilustram um modo de desenvolver a análise sincrônica de produtos midiáticos. A mesma perspectiva informa o olhar de Wolf sobre modos específicos de interação entre mídias.

INTERMIDIALIDADE INTRACOMPOSICIONAL E EXTRACOMPOSICIONAL

Na mesma linha de pesquisa de Rajewsky e Clüver, Werner Wolf reafirma a importância dos eixos sincrônico e diacrônico para análise de obras individuais e para a reflexão sobre a própria intermidialidade. Para ele, o ferramental teórico da intermidialidade se mostra de grande relevância para "a comparação e análise de obras de arte e das mídias, bem como de seus contextos culturais tanto de uma perspectiva sistêmica como de uma perspectiva histórica" (Wolf, 2005: 256; tradução nossa).

A referência a "contextos culturais" e "perspectiva histórica" é índice da crença de Wolf na possibilidade de a intermidialidade poder fornecer "*insights* importantes tanto sobre a história da estética como sobre o desenvolvimento de mídias individuais". A referência à perspectiva sistêmica aponta, por sua vez, sua crença de que uma perspectiva sincrônica pode ajudar a entender as "possibilidades e os limites de mídias individuais" (Wolf, 2005: 256; tradução nossa).

Wolf toma como base para seus estudos a tipologia das relações entre literatura e música proposta por Steven Paul Scher, a melopoética. A partir dessa obra, Wolf cria duas categorias de análise para serem desenvolvidas e aplicadas nos estudos intermidiáticos: *intermidialidade intracomposicional* e *intermidialidade extracomposicional*. Como se verá, elas dialogam diretamente com aquelas propostas por Rajewsky e Clüver.

A intermidialidade *intracomposicional* abrange dois tipos de fenômenos. O primeiro tipo revela a *multi-* ou a *plurimidialidade* de uma mídia e indica um produto de mídia capaz de revelar em seu interior diferentes sistemas semióticos. Em geral, esses produtos pertencem a sistemas semióticos heterogêneos. A *plurimidialidade* cobre muitas variantes, "da justaposição de mídias relativamente separadas a sínteses complexas de componentes midiais" (Wolf, 2005: 254; tradução nossa). Wolf indica que a plurimidialidade "ocorre sempre que duas ou mais mídias estiverem explicitamente presentes em uma determinada entidade semiótica" (Wolf, 2005: 254; tradução nossa).

Um exemplo ilustrativo dessa categoria é a ópera, que reúne em seu interior o drama, a música, a encenação, o balé. Os elementos se completam, mas não dependem um do outro. Como se disse, esta proposta de Wolf dialoga com aquelas de Clüver e Rajewsky evocadas anteriormente. Os três pesquisadores, ao formular conceitos que auxiliam a compreensão do funcionamento interno de uma mídia, colaboram para uma análise mais apurada dos fenômenos constituintes dessa mídia.

O segundo tipo de fenômenos abarcados pela categoria da intermidialidade *intracomposicional* é a *referência intermidiática*. Nessa categoria, um produto de mídia faz referência a outra mídia usando apenas seus próprios recursos internos, seus significantes de referência, conforme visto anteriormente. Nesse processo, é imperativo que os significantes da mídia principal consigam incorporar os significantes da mídia a qual se refere. Assim, a relação entre as mídias se dá de forma indireta, entre significantes e significados; a mídia que faz referências apenas aponta a mídia que está citando. Wolf amplia a noção de referência intermidiática proposta por Rajewsky e a subdivide em duas formas: "referência implícita" (evocação, imitação formal e reprodução) e "referência explícita".

Na categoria intermidialidade intracomposicional, a presença de outra mídia aparece no interior da mídia em questão. Nas duas formas desta categoria, plurimidiática ou referência intermidiática, o receptor compreende a significação total do produto como uma forma única e pode discernir que há uma composição interna elaborada por mais de uma mídia.

A categoria intermidialidade *extracomposicional* transcende trabalhos individuais, e focaliza em "relações ou comparações entre entidades semióticas midialmente diferentes" (Wolf, 2005: 255; tradução nossa). Aqui o foco está na relação entre as mídias.

Wolf indica que ela é composta por dois fenômenos que revelam relações entre mais de uma mídia: a transmidialidade (características dos fenômenos não específicos da mídia que ocorrem em mais de um meio; por exemplo, a narratividade da música e da literatura) e a transposição intermidiática (transferência do conteúdo ou das características formais de uma mídia fonte para uma mídia de destino, por exemplo, um romance que é adaptado para um filme).

Ainda que os três pesquisadores ofereçam categorias de análise diversas, seus trabalhos interagem e dialogam fortemente, tornando-se complementares. Essa dimensão da obra desses pesquisadores referenciais ilustra, ainda uma vez, as possibilidades da perspectiva sincrônica dentro dos estudos de intermidialidade.

INTERMIDIALIDADE E "EIXO DE PERTINÊNCIA"

Jürgen Ernst Müller ajuda a exemplificar as possibilidades da perspectiva diacrônica nos estudos sobre intermidialidade. Ele considera a intermidialidade como um *work in progress* e adverte que não se deve esquecer que essa noção se desenvolve em contextos sociais e históricos específicos. É preciso pensar nas práticas sociais e institucionais que constituem o entorno da produção e recepção de obras e de teorias. Por isso, a *sociabilidade* da intermidialidade é um dos fatores cruciais a explorar nessa área.

Para Müller, a intermidialidade não deve ser tomada como uma forma pronta, capaz de decodificar qualquer composição midiática em qualquer momento histórico. Ela deve ser vista como um eixo de pesquisa que permite apreender, sob um ângulo intermidiático, o conjunto de fatores ligados à existência de uma ou várias mídias. Para o pesquisador, a intermidialidade representa um meio, um instrumento que deve sempre estar ancorado em um ângulo de análise mais amplo, que dê conta do contexto de funcionamento das mídias.

O pesquisador sustenta, assim, que a elaboração "de uma história das mídias ou história da rede de comunicações midiáticas" (Müller, 2012: 92) seria ideal para conduzir a pesquisa sob esse ponto de vista. Ao realizar um estudo histórico das formas de intermidialidade, seria possível compreender melhor os "perfis de modalidades e de funções históricas dos processos intermidiáticos", bem como os "modelos específicos de experiências estéticas do suporte até modelos de ação e comportamentos de indivíduos e grupos sociais relacionados aos processos intermidiáticos de certos *dispositivos*" (Müller, 2012: 93).

Sua proposta, centrada em um mapeamento histórico capaz de fornecer dados para realizar um processo que descreva produtos através das mudanças causadas na mídia ao longo do tempo, aborda a problemática da intermidialidade sob uma perspectiva diversa daquela discutida na seção anterior. Essa perspectiva convida o pesquisador a examinar com cuidado a historicidade das mídias, em um movimento que, por sua vez, levaria de forma gradual ao estabelecimento de uma "arqueologia e geografia" de fenômenos entre todo tipo de mídias. Sob esse olhar, as diferentes mídias que vão surgindo representam "um processo de rupturas, de transições, de inovações, de encontros de séries culturais" (Müller, 2006: 105; tradução nossa).

Para observar e entender a mídia de forma diacrônica, Müller propõe como instrumento de análise cinco grandes eixos de pertinência: 1) transformações, remediações e redes midiáticas; 2) generificação (construção de uma linguagem comum em gêneros midiáticos no campo da intermidialidade); 3) interativações, realidades aumentadas (receptor e mídia/visões de mundo); 4) gamificação (processo de transformar uma mídia em um game aproveitando aspectos psicológicos, impulsos de motivação); 5) economizações (aspectos econômicos) (Müller, 2020: 7). Nos eixos de pertinência estão incluídas as significações, a função social e histórica das formas midiáticas que compõem o processo

Cada eixo de pertinência deve considerar "aspectos midiáticos, tecnológicos e genéricos dos encontros das mídias" entendendo que as mídias não funcionam isoladamente, mas "agem em redes de séries culturais". Nessa vertente crítica, analisa-se o conjunto de efeitos causados pelo produtor e pelo receptor da mídia, considerando tanto a recepção individual quanto aquela de um determinado grupo social. Segundo Müller, "esses efeitos podem ter um impacto tanto no que se refere a algumas reações/atividades cognitivas, emocionais ou estéticas como ao dos valores ou do comportamento social" (Müller, 2006: 105; tradução nossa).

Essa perspectiva considera que as mídias fazem sempre parte de uma rede complexa. Müller usa o exemplo da televisão, que, segundo ele, é uma rede midiática, isto é, um fenômeno que encadeia manifestações midiáticas dentro de um eixo de pertinência. Para o pesquisador, "as redes existem sob forma de emaranhado de séries culturais que interagem, o que conduz à noção de mídias distintas [...] claramente definidas e dotadas de uma 'especificidade' própria" (Müller, 2006: 105; tradução nossa).

O autor, em seus estudos, se utiliza do conceito de "série cultural", conforme formulado por Gaudreault e Marion:

> uma criação do historiador: ele apanha um tema, um saber-fazer cultural (um tipo de espetáculo, um tipo de representação mais ou menos ligado a um dispositivo, a uma aparelhagem), do qual tenta reconstituir e entender o percurso identitário através de suas diferentes mutações. (Gaudreault e Marion, 2016: 189)

Por meio da "série cultural", Müller propõe estudar uma mídia no conjunto da série/grupo da qual ela faz parte, considerando todos os fatores e os problemas/aspectos dessa série, em uma abordagem interdisciplinar que inclui as materialidades da mídia. No exemplo citado, a televisão então só poderia ser adequadamente analisada enquanto mídia, desde o ponto de vista de que ela faz parte de um movimento maior que está ligado às mudanças históricas. Nessa linha de pensamento, não seria possível, por exemplo, analisar uma série televisiva atual, como *Emily em Paris* (Netflix, 2020-2021), sem levar em conta como outras séries foram veiculadas anteriormente, como *Brothers and Sisters* (2006-2011) ou *Seinfeld* (1989-1998).

A análise detalhada de manifestações intermidiáticas consideradas como paradigmáticas, ou seja, uma sequência ou série de manifestações individuais que possuem traços semelhantes, representa o cerne da pesquisa de Müller e pode ser explorada em três campos de pesquisa inter-relacionados.

O primeiro campo é o que analisa o *processo de criação e estruturação em uma forma específica de mídia*. Como exemplo, pode-se pensar novamente nas séries: *Emily em Paris* só poderia ser produtivamente analisada se observada em relação a outras séries, como apontado.

O segundo se refere às *interações entre diferentes dispositivos*, isto é, formas diferentes de mídias. Ainda pensando em séries, a *sitcom* ("comédia de situação") *Seinfeld* foi difundida pela rede NBC nos Estados Unidos entre 5 de julho de 1989 e 14 de maio de 1998 em 9 temporadas e 180 episódios. Entre 2004 e 2007, a Sony Pictures Home Entertainment lançou as 9 temporadas em formato de DVD. Atualmente, a série está disponível nas plataformas *streaming* e *on demand* da Netflix, via internet. Essa transformação do mesmo produto mostra a evolução das mídias em diferentes momentos históricos e impacta as formas possíveis de apreensão dos produtos.

O terceiro campo investiga a *re-escritura intermidiática das histórias das mídias*. A série *Maravilhosa Sra. Maisel*, que estreou em 2017 e conta com três temporadas até agora, tendo sido lançada apenas na plataforma Prime Vídeo (ao contrário do que se viu com *Seinfeld*). Ela faz parte de uma "história de séries" e ajuda, assim, a reescrever o desenvolvimento deste tipo de narrativa.

A análise diacrônica de uma mídia permite, desse modo, rever as interações entre as mídias, seus efeitos no receptor e os laços que elas têm com seu contexto ou seu meio social, histórico e institucional privilegiando as funções sociais das mídias.

A *arqueologia intermidiática* proposta por Muller visa "considerar os aspectos funcionais que tendem a se tornar mais e mais complexos" ao longo do tempo. Ao propor uma reconstrução arqueológica dos processos intermediáticos e suas funções sociais a partir de casos paradigmáticos ou das fases de rupturas midiáticas,

Müller acredita que é possível chegar a uma melhor compreensão das interações entre vetores sociais, culturais, tecnológicos e estéticos. Nesse processo, fazem parte "um leque de ações do receptor ou do público que se estende da experiência estética mais ou menos pessoal até as formas do comportamento social de indivíduo ou de grupos sociais" (Müller, 2006: 108; tradução nossa).

O trabalho de Müller serve como ilustração importante das possibilidades analíticas ligadas à perspectiva diacrônica dos estudos intermidiais. A opção por essa forma de investigação, pela forma diacrônica ou por algum modo de articulação entre ambas dependerá das escolhas do pesquisador, de seus objetivos e da forma de compreender seu objeto de investigação.

MIDIALIDADE, INTERMIDIALIDADE E COMUNICAÇÃO: O MODELO DE LARS ELLESTRÖM

Midialidade é o que "diz respeito ao uso das mídias no processo de comunicação, levando-se em conta as características das mídias e as especificidades da percepção". Assim o termo é definido no glossário que encerra o livro *As modalidades das mídias II: um modelo expandido para compreender as relações intermidiais* (2021), de Lars Ellestrӧm.

Lars Ellestrӧm elabora um modelo de comunicação centralizado na mídia, na busca de melhor compreender os processos comunicativos, as mídias e as relações intermidiais. Seu modelo busca inspiração na tricotomia que estabelece classificações dos tipos possíveis de signos de Peirce. Desse modo, a partir de formas concretas para analisar as mídias e as relações midiáticas, esse modelo prioriza os estudos da comunicação e da semiótica.

A proposta de Ellestrӧm nos convida, assim, a abordar o tema da midialidade desde o ponto de vista das estratégias de interpretação. Suas análises em torno da mídia consideram produções com valor material, perceptivo, conceitual, interpretativo e social que são "situadas em circunstâncias sociais, históricas, comunicativas e estéticas" (Ellestrӧm, 2017: 53).

UM NOVO MODELO DE COMUNICAÇÃO: ENFOQUE NA MÍDIA

Ellestrӧm considera que "[...] os modelos de comunicação não podem prescindir da noção de algo sendo transferido". Para o pesquisador, é preciso haver uma conexão entre o que se transmite e o que se recebe para haver comunicação. Ele acredita que "a ideia fundamental de comunicar é 'compartilhar'" (Ellestrӧm, 2017: 28).

Um dos objetivos desse pesquisador é contribuir para a superação de modelos de comunicação que consideram prioritariamente a carga de significado verbal da mensagem, deixando na periferia do sentido os significados não verbais. Ellestrӧm dialoga com os modelos de comunicação de Shanon, em 1948; Jakobson, 1960; Schramm, 1971, e Hall, 1980, provenientes, respectivamente, das áreas de tecnologia, linguística, estudo da comunicação e estudos culturais.

Esses modelos de comunicação servem de ponto de partida para seu modelo de comunicação centralizado na noção de mídia. Sua proposta é fundamentada em uma tríade de elementos "indispensáveis e interconectados":

1. algo sendo transferido (valor cognitivo);
2. dois polos entre as quais essa transferência ocorre: mente do produtor e mente do perceptor;
3. uma fase intermediária que possibilita a transferência: produto de mídia (Ellestrӧm, 2021: 31).

Neste modelo de comunicação, os termos "mente do produtor" e "mente do perceptor" nomeiam "lugares mentais em que o valor cognitivo" é elaborado (Elleström, 2017: 30). O valor cognitivo representa o significado que o produtor elabora em sua mente antes de transferi-lo para a comunicação. Entre essas duas mentes, há uma "entidade intermediária" que representa o elo para concretizar a comunicação. A materialidade dessa "entidade intermediária" impacta a mente do perceptor, gerando uma reação mental. Elleström centra a observação nas interações entre a mente do produtor e mente do perceptor, que "oferece[m] uma base sólida para analisar todos os tipos de complexidades comunicativas" (Elleström, 2021: 44).

Esse modelo de comunicação busca compreender, portanto, a forma como ocorre a comunicação entre duas mentes, a do produtor da mídia e a do perceptor. Essa proposta busca identificar, de modo sistemático, os componentes que fazem parte da comunicação, observá-los em sua relação e desenvolver detalhadamente "a fase de transição da comunicação" que o pesquisador nomeia de "canal, mensagem, contato, mídia" (Elleström, 2017: 16).

Para desenvolver seu argumento sobre o processo de comunicação, Elleström entende ser importante realizar a distinção entre os termos *midialidade*, "tudo aquilo que diz respeito às mídias na comunicação", *intramidialidade*, "todas as relações entre tipos de mídias semelhantes" e *intermidialidade*, que "envolve todas as relações entre tipos de mídias diferentes" (Elleström, 2021: 117).

Considerar a midialidade no campo da comunicação faz com que o modelo de comunicação centralizado na mídia apresente ganhos teóricos importantes. Ele permite: 1) a não generalização da noção de mensagem, que pode gerar confusão em relação aos elementos comunicativos; 2) "uma identificação acurada das mentes e corpos dos comunicadores em partes separadas do modelo" (Elleström, 2017: 46), visto que o processo ocorre de uma mente para outra por meio de um produto de mídia; 3) a superação de uma "noção estreita de código como uma forma coletiva para a criação de significado", ampliando "a capacidade de lidar com todos os tipos de valor cognitivo, não só verbal" (Elleström, 2017: 46).

Nesse modelo de comunicação, a mídia é pensada como um "estágio intermediário de comunicação" e, por essa razão, antes de ser entendida a partir do seu produto material de realização, encontra seu conceito calcado em termos do processo de comunicação. Segundo Elleström, as noções de comunicação e mídia são "interdependentes e mutuamente explicativas" (Elleström, 2017: 17) e existem vantagens em utilizar o termo "mídia" pois "sua etimologia conduz preferencialmente a noções neutras básicas, como meio e espaço intermediário" (Elleström, 2017: 31).

Para trabalhar com esse modelo de comunicação, Elleström categoriza as mídias em "tipos de mídias". Segundo ele, "enquanto produtos de mídia são entidades comunicativas individuais, tipos de mídia são conjuntos de produtos de mídias" (Elleström, 2021: 89) que partilham de características comuns. O pesquisador propõe assim a distinção entre tipos de mídias "básicas", "qualificadas" e "técnicas" que "são três aspectos teóricos complementares do que constitui as mídias e a midialidade" (Elleström, 2017: 52).

Mídias básicas são "entidades intermediárias físicas que permitem uma transferência de valor cognitivo entre pelo menos duas mentes" (Elleström, 2021: 90). Elas são perceptíveis pelo seu modo de produção, sua aparência modal, como, por exemplo, sons, palavras, imagens etc. *Mídias qualificadas* dependem de circunstâncias históricas, culturais e sociais e de características estéticas e comunicativas. Tanto mídias básicas como qualificadas são abstratas, elas "ajudam a entender como os tipos de mídia são formados por qualidades muito diferentes" (Elleström, 2017: 52). A *mídia técnica* representa o palpável que auxilia as mídias básicas e qualificadas a se materializarem. Para Elleström, esses três aspectos são complementares e não devem ser vistos como categorias isoladas.

Como exemplo ilustrativo dessas três subcategorias pode-se pensar no jogo *Falls Guys*, lançado em 2020 para Microsoft Windows e

Playstation 4. A temática gira em torno de uma imensa gincana de que o jogador deve participar para ir para outras fases e se tornar vitorioso conquistando a coroa. O jogo, em si, é a mídia qualificada que, por sua vez, vai midiar a mídia básica (sons, imagens, efeitos sonoros e visuais etc.). Ele tem a "tela eletrônica" e o console de vídeo como mídias técnicas: são elas que vão midiar, isto é, apresentar as qualidades da interface corpórea da mídia, o modo como o perceptor percebe o espaço e o tempo desta mídia, o modo como ele percebe a mídia através de seus sentidos (visão, audição etc.) e o modo como ele cria a representação do jogo.

Uma nota sobre a grafia dos termos: a teoria de Elleström sobre mídia e seus derivados tem sido traduzida para o português com a grafia "i" para os termos *midiar, midiado, midiação*. Apenas quando o autor se refere ao conceito desenvolvido por Bolter e Grusin sobre remediação é que as traduções têm conservado a grafia "e" para os termos *mediar, mediado, mediação* (cf. Mello e Domingos, citado por Elleström, 2017: 13-14).

Nesse modelo de comunicação, Elleström sugere ainda a possibilidade de quatro inter-relações entre as três entidades da comunicação (mente do produtor; produto de mídia, mente do perceptor):

1. um ato de produção "entre" a mente do produtor e o produto de mídia;
2. um ato de percepção "entre" o produto de mídia e a mente do perceptor;
3. um valor cognitivo, o que foi transferido da mente do produtor para a mente do perceptor no momento da comunicação;
4. uma transferência de valor cognitivo "através" do produto de mídia" (Elleström, 2021: 32).

O processo de comunicação, conforme apresentado nesse modelo, tem seu início no momento em que uma pessoa, o produtor da mídia, elabora em sua mente um certo valor cognitivo. A expressão "valor cognitivo" é proposta por Elleström nesse modelo como uma noção abrangente para representar as configurações mentais que transitam pela comunicação em um movimento de ida e vinda no momento da comunicação. Porque nem sempre é possível concretizar elaborações mentais através da linguagem verbal, é que o modelo de comunicação proposto por Elleström não se restringe ao significado verbal.

Em seguida, no desenvolvimento do processo de comunicação, o produtor, de forma consciente ou não, concretiza esse valor cognitivo elaborado em sua mente, materializando essa ideia em um produto de mídia que seja acessível por outras pessoas, os perceptores. Esse produto de mídia representa o meio pelo qual o produtor vai conseguir transmitir sua ideia, o valor cognitivo elaborado por sua mente para ser transferido para a mente do perceptor.

Podemos exemplificar esse ponto recorrendo, ainda uma vez, ao jogo *Falls Guys* (2020). Antes de ele se tornar um produto de mídia, ou seja, antes de ser um jogo acessível aos participantes, houve uma mente produtora que idealizou toda a sequência desse videogame (como o número de participantes, as fases, os desafios etc.). A partir dessa construção primeira é que se iniciou o processo complexo de transferência desse constructo para outra mente, a do perceptor. O perceptor, por sua vez, ao entrar em contato com esse produto de mídia, elabora a mensagem transferida e produz um valor cognitivo a partir de seu repertório midiático.

Para a realização dessa transferência do valor cognitivo, um "produto de mídia" deve concretizar a comunicação, isto é, ele é o estágio intermediário da comunicação que vai da mente de um produtor para aquela do perceptor. O produto de mídia é elemento central e representa o cerne do modelo proposto por Ellestrom. Esse produto de mídia pode ser constituído por elementos corporais (fala, gestos etc.) ou não corporais (um papel para escrever) ou ainda por uma combinação dos dois tipos de elementos.

Ellestrom considera que "um produto de mídia deve ser entendido mais como uma função do que como uma propriedade essencial" desse modo, "qualquer existência material pode ser usada como um produto de mídia" (Elleström, 2021: 27). Para o autor, só é possível conceituar alguma coisa como produto de mídia quando ela consegue "transportar valor cognitivo entre mentes" (Elleström, 2021: 30). Isso significa que, apesar de um produto de mídia depender de sua forma material para transmitir significado, ele só pode ser entendido como um produto de mídia se conseguir carregar o valor cognitivo elaborado pelo seu produtor e representar algum significado na mente do perceptor, gerando uma comunicação entre as duas partes.

Os vestidos criados por Yves Saint Laurent, em 1965, inspirados nos trabalhos de Mondrian, são um exemplo desse processo. Ao apresentar vestidos com base em uma superfície plana, retangular e com as três cores primárias, vermelho, amarelo e azul, completados com linhas pretas, Saint Laurent retoma as ideias do pintor. A comunicação desse diálogo com a obra de Mondrian só se efetua se o perceptor for capaz de relacionar os vestidos com as pinturas e a mensagem abstracionista, caso contrário são apenas vestidos, não funcionando como veículo que faz referência à obra de Mondrian.

Destaca-se então que "qualquer existência material pode ser usada como produto de mídia" (Elleström, 2021: 27-28), como elemento de transferência do valor cognitivo, que não se baseia no material, mas no "mental com o auxílio da materialidade" (Elleström, 2021: 35). As duas mentes, a do produtor e a do perceptor, são constituídas de um repertório midiático, ou conhecimento de mundo, modelos que o ser humano armazena em sua mente e que são formados a partir da realidade de cada um. Elleström propõe que o termo "mente" seja "entendido como denotando consciência (humana) que se origina no cérebro e se manifesta particularmente em percepção, emoção, pensamento, raciocínio, vontade, julgamento, memória e imaginação" (Elleström, 2021: 25).

O repertório midiático possibilita ao produtor e ao perceptor distinguirem e interpretarem "qualidades midiadas", ou seja, valores da comunicação que passam de uma mente para outra. A partir de seu conhecimento de mundo, produtor e perceptor são capazes de construir ideias e sentidos, nos termos de Elleström, valores cognitivos. Em seu modelo, Elleström entende o termo "cognição" como o que representa "os processos mentais envolvidos na obtenção de conhecimento e de compreensão", lembrando que as "atividades mentais não são de forma alguma separadas do corpo" (Elleström, 2021: 25-26).

Para que o produto de mídia possa se materializar e "possibilitar a manifestação física dos produtos de mídia no mundo" (Elleström, 2017: 37), carregando a mensagem, é necessária a "mídia técnica de exposição". Elleström define "mídia técnica de exposição como qualquer objeto, fenômeno físico ou corpo que funcione como mediador de configurações sensoriais no contexto da comunicação" (Elleström, 2021: 58). Para o pesquisador, é ela quem "realiza e expõe as entidades que construímos como produtos de mídia. Mídias técnicas de exposição são aqueles itens e processos físicos perceptíveis que, quando usados em um contexto comunicativo, adquirem a função de produtos de mídia" (Elleström, 2021: 58).

Para melhor compreender a distinção dos dois termos, produto de mídia e mídia técnica de exposição, toma-se aqui como exemplo de produto de mídia uma HQ. A ideia do autor/produtor de uma HQ é elaborada em sua mente que cria ideias, sentidos e materializa esse produto para realizar o ato da comunicação. O produto final, que é identificado pelo receptor como uma HQ, é um produto de mídia porque pode ser reconhecido por "um conjunto de representantes" (Elleström, 2017: 40) com características (traços materiais, sensoriais e espaçotemporais) como, por exemplo, as vinhetas, os balões, a sequência fixa etc. Ele permite ao perceptor da mensagem reconhecer o objeto e elaborar uma interpretação baseada em seu repertório midiático.

O autor/produtor pode escolher diferentes formas para materializar sua HQ, como, por exemplo, em um formato tradicional (a impressão em papel) ou em uma tela *e-Ink*, em dispositivo *e-book,* ou ainda, através de *webtoom* ou *webcoomics*. Todos esses formatos que materializam a ideia do autor/produtor representam a *mídia técnica de exposição*. O produto de mídia e a mídia técnica de exposição são necessários para que a comunicação se realize entre as duas mentes, a do produtor e a do perceptor.

RELAÇÕES INTERMIDIÁTICAS: MODALIDADES DAS MÍDIAS

A partir do conceito de produtos de mídia, um dos elementos para compreender a comunicação centralizada na mídia, Elleström aponta que "há *tipos de traços* que são comuns a todos os produtos de mídias, sem exceções" e "há *traços específicos* de certos produtos de mídias ou tipos de produtos de mídia" (Elleström, 2021: 76; itálico do autor). Ele propõe a expressão "modalidades das mídias", para definir os tipos de traços básicos das mídias e "modos de modalidades das mídias", para se referir aos traços específicos das mídias.

Para Elleström, as modalidades das mídias são os "fundamentos essenciais de todas as mídias, sem os quais a midialidade não pode ser compreendida e que, juntos constroem um complexo midiático que integra a materialidade, a percepção e a cognição" (Elleström, 2017:58). Adotando essa perspectiva, ele propõe quatro diferentes tipos de modos/traços básicos, que nomeia "modalidades das mídias" (Elleström, 2017: 38), três *pré-semióticas* (material, sensorial e espaçotemporal), ligadas à significação; e uma semiótica (ícone, índice e símbolo), ligada à representação. Essas modalidades podem ser concretizadas em uma mídia de diferentes maneiras e a realização da transferência do valor cognitivo da mente do produtor para a mente do perceptor depende, de certa maneira, da combinação de seus traços.

As modalidade pré-semióticas se revelam condição *sine qua non* para que o produto de mídia se concretize através de uma mídia técnica e realize a comunicação no mundo exterior. Elas se referem à midiação, à apresentação das qualidades pré-semióticas que são percebidas em uma situação de comunicação: são elas que vão criar o valor cognitivo na mente do perceptor. Divididas em três categorias, material, sensorial e espaçotemporal, elas são interdependentes e são ativadas à medida que cada uma se concretiza.

A modalidade material representa a interface corpórea da mídia que a faz acessível à mente do perceptor. A modalidade sensorial corresponde ao modo como o perceptor percebe a modalidade material através dos sentidos humanos (visão, audição, olfato, paladar, tato) e cria sensações oriundas dos efeitos do ato da comunicação. Já a modalidade espaçotemporal estrutura o modo como o perceptor percebe o modo material através da sua representação e do seu conceito de espaço e tempo. Ellestrӧm propõe quatro dimensões para essa modalidade: largura, altura, profundidade e tempo (Ellestrӧm, 2017: 64). Esses quatro elementos ajudam a criar a percepção em relação ao espaço (tamanho, profundidade ou não) e tempo (real ou virtual).

A quarta modalidade, a semiótica, compreende os traços relativos à representação (ícone, índice e símbolo) e não à midiação propriamente dita (Ellestrӧm, 2017: 39). Esses traços fazem parte do processo de representação.

O processo de representação se realiza na mente do perceptor com o auxílio de sistemas sígnicos. A produção de sentido e interpretação de signos nesses sistemas são baseadas, segundo Ellestrӧm, em três atividades principais: a *ilustração* (representação mental ou material de objetos com base na similaridade), a *indicação* (representação mental ou material de objetos com base na proximidade) e a *descrição* (representação mental ou material de objetos que dependem de hábitos ou convenções).

A combinação de ilustração, indicação e descrição funcionam em articulação com mídias multimodais que são "tanto visuais quanto auditivas, espaciais, temporais, icônicas e indiciais e assim por diante" (Elleström, 2021: 85). Segundo Elleström, "iconicidade, indicialidade e simbolicidade são indispensáveis para a semiose e funcionam devido à nossa capacidade de perceber semelhanças e proximidades e formar hábitos" (Elleström, 2021: 38).

A vantagem desses conceitos está em possibilitar o mapeamento, de maneira mais detalhada, dos traços básicos dos produtos de mídia, percebendo que são constituídos de uma combinação de modos – "*traços específicos* de certos produtos de mídias ou tipos de produtos de mídia" (Elleström, 2021: 76; itálico do autor) – e de modalidades – "*tipos de traços* que são comuns a todos os produtos de mídia, sem exceções" (Elleström, 2021: 76; itálico do autor). Além disso, as "modalidades podem também ser usadas para caracterizar os *objetos* de produtos de mídia – o que eles representam, o que ocasionam na mente do perceptor ao criar uma esfera virtual" (Elleström, 2021: 116).

Para exemplificar a perspectiva de Elleström e o potencial de seu modelo de comunicação, toma-se aqui como exemplo a tela *Quarto em Arles* (1888), em que Van Gogh retratou o quarto de uma pensão em que morou na cidade em que viveu entre 1888 e 1890. Ao se deparar com o quadro, o perceptor utiliza o sentido da visão para aprender esse objeto e é tocado, simultaneamente, por seus aspectos materiais (o quadro foi realizado na técnica "óleo sobre tela"), por sua mensagem visual (o receptor aciona seu repertório midiático de imagens para significá-la) e por sua dimensão espaçotemporal (a tela de Van Gogh tem 74 cm de largura por 56,5 cm de altura).

Todas essas modalidades pré-semióticas se conjugam para compor o significado na comunicação. O quarto da pensão de Arles é pintado através do olhar do pintor em relação a seu cotidiano, sua apreensão e idealização do espaço. A percepção é ativada pela convenção social do perceptor que reconhece um sistema sígnico dominante da pintura. O perceptor é capaz de reconhecer os aspectos qualificativos contextual (origem, delimitação, uso) e operacional (estética, comunicativa) que configuram a obra de Van Gogh. Assim, há uma transferência comunicativa através de um produto de mídia, por meio dos traços semióticos recebidos e reconhecidos pelo perceptor.

O modelo de comunicação centralizado na mídia representa um avanço nos estudos da comunicação e as relações das mídias. Ele oferece diferentes ferramentas para que um produto de mídia seja analisado de forma consistente e encontre respostas para o modo como é elaborado, concretizado e midiado para que a comunicação se realize.

A partir desse conceito de base de comunicação, Ellestrõm analisa as formas pelas quais ocorre a transferência de característica das mídias entre mídias diferentes. Essa transferência é chamada pelo pesquisador de "transformação das mídias". Tal fenômeno pertence ao campo mais conhecido como adaptação e, por essa razão, ele é tratado no capítulo "Adaptações narrativas e intermidialidade" deste livro, que retoma a teoria de Ellestrõm e apresenta o modo como ele amplia esse campo de pesquisa.[1]

---

[1] No momento em que este livro foi finalizado, tivemos a inesperada notícia do falecimento precoce de Lars Ellestrõm, aos 61 anos de idade. O pesquisador se encontrava em um momento de grande produtividade intelectual e, com certeza, traria inestimáveis avanços para a área da intermidialidade. No Brasil, Miriam de Paiva e Ana Cláudia Munari Domingos colaboraram de forma decisiva para divulgar as ideias de Ellestrõm.

REMEDIAÇÃO E REMIDIAÇÃO TRANSMIDIAL

Bolter e Grusin (2000) definem remediação como a lógica formal pela qual uma mídia renova uma mídia anterior ou como uma dinâmica em que as "antigas mídias" são reestruturadas pelas novas mídias, recebendo um novo propósito, uma nova forma e um novo tipo de acesso ou de uso (*repurpose*). Nessa dinâmica, há uma reconfiguração de uma mídia antiga em uma nova mídia, criando assim um dinamismo entre diferentes instrumentos de comunicação.

O processo de remediação aparece como um dos temas de grande interesse nos estudos da intermidialidade. Ele diz respeito a um tipo de articulação entre mídias que incorpora, de maneira muito particular, o dinamismo das interações e transformações entre mídias implícitos no sufixo inter-.

Para melhor compreender como ocorre o processo de remediação, é necessário examinar as inter-relações de meios e sua reestruturação, bem como entender como esse processo se relaciona com os fenômenos da *imediaticidade* e *hipermidiação*. Importa, também, observar como o processo de remediação evoluiu no campo da intermidialidade, passando a ser percebido como uma remodelação midiática, uma transformação de mídias.

DA REMEDIAÇÃO À IMEDIATICIDADE E À HIPERMIDIAÇÃO

Marshall McLuhan observa que "o 'conteúdo' de qualquer meio ou veículo é sempre um outro meio ou veículo" (McLuhan, 1969: 21). Para exemplificar sua proposição, ele aponta que "o conteúdo da escrita é a fala, assim como a palavra escrita é o conteúdo da imprensa e a palavra impressa é o conteúdo do telégrafo" (McLuhan, 1969: 21). O pesquisador canadense se refere não apenas à mudança estrutural do conteúdo, mas também a um processo mais complexo, em que, de fato, uma mídia pode ser representada e incorporada em outras mídias. Mesmo sem usar o termo "remediação", McLuhan antecipa, assim, uma dinâmica central desse processo para os estudos da intermidialidade. As reflexões pioneiras do autor abrem caminho para se pensar as potencialidades expressivas da junção de mídias diversas.

A formulação do conceito de "remediação" como termo técnico só aparece, entretanto, décadas mais tarde, com os pesquisadores estadunidenses Richard Grusin e Jay David Bolter. São eles os responsáveis pela introdução e propagação do conceito dentro dos estudos sobre mídias. Sua obra *Remediation: Understanding New Media* (2000) tornou-se referência para todo pesquisador que deseja entender o fenômeno da remediação.

Na capa da primeira edição estadunidense dessa obra paradigmática, se vê uma tela de televisão que traz estampado, em seu interior, o termo *"media"*; no exterior, vê-se o sufixo re-, ao lado esquerdo, e o final do termo -tion, ao lado direito. A sugestão da formação do substantivo *"remediation"*, a partir do substantivo *"media"*, adicionado ao prefixo re- (repetição) e ao sufixo -tion (ação ou resultado da ação), antecipa o sentido que será explorado ao longo da obra. Os autores discutirão as "novas mídias" que, de algum modo, remediam estruturas visuais e modos operacionais das "antigas mídias".

Bolter e Grusin, em *Remediation,* investigam o fenômeno pelo qual as mídias se renovam. Esse processo, observam eles, embora se dê por meio de transformações técnicas nas mídias, surge como resposta ao contexto de funcionamento social das mídias. Segundo os pesquisadores, "[n]enhuma mídia hoje, e certamente nenhum evento de mídia singular, parece fazer seu trabalho cultural isolada de outras mídias, assim como não pode trabalhar isolada de outras forças sociais e econômicas" (Bolter; Grusin, 2000: 15; tradução nossa). As mídias têm uma função social que se adequa ao momento de sua criação e, com o tempo, podem se tornar obsoletas em relação a alguns receptores. A remediação é, assim, uma resposta, no campo das mídias, às transformações no campo social.

Tendo esse horizonte mais amplo como pressuposto de suas investigações, Bolter e Grusin se propõem a explorar, de maneira mais específica, a transformação de uma mídia analógica em uma mídia digital. Sua análise se dá através da investigação do modo pelo qual uma nova mídia digital toma emprestado traços da mídia analógica. Ela examina as formas pelas quais esse novo produto se relaciona com seu predecessor e, explorando elementos do universo digital, se adequa a um novo público e a novas demandas sociais.

Bolter e Grusin se valem do filme de ficção científica *Estranhos prazeres* (*Strange Days*, 1995, direção Kathryn Bigelow) para exemplificar a ideia do processo de remediação. Nessa obra, há um aparelho (*the wire*) capaz de gravar, em disco, as sensações experimentadas pelos seres humanos. Esses discos são vendidos para usuários que desejam, sem correr riscos, experimentar sentimentos extremos. As sensações de uma pessoa são transformadas em uma mídia, o disco, que permite a fruição de seu conteúdo por um terceiro.

Os pesquisadores acreditam que *Estranhos prazeres* é um exemplo eloquente do modo ambivalente e paradoxal que a cultura contemporânea se relaciona com as novas mídias digitais. Isso porque o filme evidencia seja a dimensão social das transformações das mídias (no filme, há uma enorme demanda, no mercado paralelo, por esses discos e seu estranho conteúdo), seja a dimensão ética implícita na construção de qualquer produto midiático (seria correto comprar discos que registram momentos de pavor ou de sofrimento de terceiros?). Pensar a remediação, para Bolter e Grusin, implica sempre levar em conta essas duas dimensões quando se realizam as análises das transformações midiáticas.

Os autores reforçam esse ponto indicando que a ideia de um aparelho que possa causar a experiência das mais diversas sensações em um ser humano sem contato com o mundo real já não se restringe ao terreno da ficção. Os óculos de realidade virtual (RV) são amplamente comercializados, hoje em dia, e servem a uma variedade de propósitos: entretenimento, enfrentamento de traumas e fobias, instrução etc.

Tanto o filme *Estranhos prazeres*, como os óculos RV, evocam o que Bolter e Grusin chamam de dupla lógica da "remediação". Simultaneamente, a cultura contemporânea deseja multiplicar suas mídias e potencializar os traços de materialidade da sensação experimentada. Essa ambivalência, que se vê também na aparente antinomia da expressão "realidade virtual", em que o segundo termo (virtual, no sentido de não real) tem, em uma de suas acepções, sentido oposto ao primeiro. A remediação na sociedade contemporânea, na visão desses autores, estaria marcada por essa tensão fundamental.

Idealmente, a remediação seria uma ação que apaga as mídias ao mesmo tempo que as multiplica. Essa dupla dimensão (apagamento/multiplicação) decorreria de solicitações contraditórias de nossa cultura. De um lado, há uma demanda de uma experiência direta, imediata capaz de gerar um amplo conjunto de sensações.

Para isso, é preciso que a mídia seja transparente ao usuário, isto é, que os traços de mediação sejam apagados e ele sinta como se não estivesse se valendo de uma mídia. Essa demanda é nomeada pelos autores *immediacy* (imediaticidade, experiência direta, imediata, sem intermediação).

Por outro lado, a sensação de *imediaticidade* só pode ser criada por meio de mídias capazes de produzi-la. Isso gera um incentivo para que se criem mídias cada vez mais aptas a fornecer o sentimento de experiência direta e resulta na proliferação, multiplicação dos meios que proporcionam essa sensação. Esse processo é nomeado pelos autores de *hypermediacy* (hipermidiação, a geração de um aumento exponencial das formas de mediação). Essa lógica dupla, notada desde os meados do século XX, estaria na raiz do aumento significativo das tecnologias de mídias digitais.

Nesse sentido, o fenômeno da remediação explorado pelos autores indica uma expectativa do receptor contemporâneo de satisfazer, simultaneamente, esta díade *imediaticidade-hipermidiação*. Na *imediaticidade*, há um desejo de transparência, de ausência de mediação ou representação; na *hipermidiação*, há o desejo de dispor de um leque tão amplo quanto possível de mídias, com variadas propriedades formais. *Imediaticidade* e *hipermidiação* estabelecem uma relação de convivência e de dependência uma da outra. Todos desejam o êxtase da *imediaticidade* (= efeito ou sensação de uma experiência não midiada), buscando ignorar ou esquecer a presença concreta de um meio e do ato da midiação.

É no contexto da relação entre *imediaticidade* e *hipermidiação*, que Bolter e Grusin (2000) definem remediação, como apontado anteriormente, como a lógica formal pela qual uma mídia renova (*refashion*) as formas de uma mídia anterior ou, como o processo em que as "antigas mídias" são representadas ou realçadas pelas novas mídias, recebendo um novo propósito, uma nova forma e um novo tipo de acesso ou de uso (*repurpose*).

O ponto-chave do conceito de remediação se encontra na ênfase às ressignificações da uma mídia causadas pela emergência das tecnologias digitais. Segundo os pesquisadores, novas mídias são capazes de *remediar* antigas mídias, de apropriar-se e transformar suas técnicas, suas formas e seu significado social.

REMEDIAÇÃO E INTERMIDIALIDADE

Muitos pesquisadores partem da teoria desenvolvida por Bolter e Grusin para repensar os fenômenos da remediação e sua relação com outros processos no campo da intermidialidade. Barbara Straumann, por exemplo, pesquisadora e professora da Universidade de Zurique, retoma a ideia desenvolvida por Bolter e Grusin, ressaltando a importância de eles definirem as mídias "não pela sua especificidade formal ou técnica distinta mas pelo fato de elas adaptarem, remodelarem e transcodificarem as formas e práticas de outras mídias" (Straumann, 2015: 254; tradução nossa). Por isto, Straumann considera a remediação como "uma forma evidente de intermidialidade. As mídias são essencialmente intermediárias porque remedeiam constantemente outras mídias" (Straumann, 2015: 254; tradução nossa). Straumann ainda aponta que "enfatizando a midialidade das mídias, o conceito de remediação descreve como as mídias adaptam outras mídias e as absorvem em sua lógica midiática" (Straumann, 2015: 249; tradução nossa).

Jan Baetens, no ensaio *Études Culturelles et Analyse Médiatique* (Estudos culturais e análise midiática) de 2009, reflete sobre a ideia de remediação priorizando o papel da mídia, sua estrutura e seu funcionamento em uma perspectiva social. Baetens acredita que toda cultura envolve a construção e transmissão de sentidos e de informação e, por isso, é de alguma forma, midiada e midiática.

Assim como Bolter e Grusin, o pesquisador belga ressalta, contudo, que não é possível atrelar a ideia de mídia a uma questão puramente técnica ou tecnológica. Sua perspectiva parte da ideia de remediação e dá ênfase ao modo como a mídia é estruturada, funciona e se comporta em sociedade. Baetens entende a mídia como uma estrutura que compreende três aspectos ou dimensões indissociáveis: um suporte de inscrição, um tipo de signo e um conteúdo específico (sobre isso, verificar capítulo "Mídia: é possível definir?").

Além disso, o aspecto social ou cultural determina o modo como a mídia é recebida pelo receptor, ator essencial para sua existência e desempenho. A mídia só funciona em presença de um usuário. Por isso, Baetens afirma que a mídia "funciona como uma interface entre o homem e o mundo" (Baetens, 2009: 80; tradução nossa).

Além disso, para Baetens, uma mídia não surge nunca sozinha. Ela sempre se situa em um ambiente de acentuada pluralidade e se transforma constantemente ao se relacionar com outras mídias. A remediação estaria, assim, atrelada a mecanismos sociais e a uma produção midiática que não se restringe ao desejo de repetição, imitação. Adotando essa perspectiva mais ampla, Baetens sugere que as relações no interior de um universo midiático têm dimensões sociológicas, estéticas e midiáticas que estão em competição (uma se sobrepõe à outra). Nessa proposição, a proposta de Bolter e Grusin ganha novos contornos. Conquanto compartilhe da perspectiva de base dos autores estadunidenses, o interesse maior de Baetens na recepção de uma mídia a partir de questões que priorizam seu funcionamento interno e sua conexão com o indivíduo e o mundo em que transita faz com que, em seu trabalho, os conceitos de imediaticidade e hipermidiação não se mostrem tão centrais.

Irina Rajewsky (2012b) também reflete sobre o conceito de remediação formulado por Bolter e Grusin. Ela observa que o modo como eles o conceberam "denota um tipo particular de relação intermidiática, através de processos de remodelação midiática" (Rajewsky, 2012b: 34). O processo é considerado pela pesquisadora como uma categoria específica das relações intermidiáticas cuja característica é remodelar uma mídia. Os estudos sobre remediação solicitam, assim, "uma diferença midiática perceptível entre duas ou mais mídias" (Rajewsky, 2012b: 37), versando sobre a forma como elas interagem na significação final de um produto de mídia. Se essa relação é imperceptível, não é possível explicar esse fenômeno em uma categoria de análise concreta de configurações midiáticas (Rajewsky, 2012b: 38).

Além dessa perspectiva de Bolter e Grusin, os estudos intermidiais levam em consideração e acrescentam a perspectiva da referência que a nova mídia faz à outra mídia dentro de seu interior, com seus recursos semióticos. Nesse caso, não se trata apenas de como uma mídia digital "renovou e remodelou" uma mídia anterior, mas também de como qualquer mídia reconstitui qualquer outra mídia a partir do uso de seus recursos próprios.

Rajewsky acredita que a remediação faz parte de "um tipo de relação intermidiática particular e [constitui], consequentemente, como uma subcategoria da intermidialidade em sentido geral" (Rajewsky, 2012b: 39). Isso porque não se pode analisar criticamente a relação entre as mídias se estivermos apenas ancorados em questões genealógicas, isto é, o modo como se formaram, mas se deve também considerar diferenças e semelhanças na inter-relação das mídias, seu espaço semiótico interno e o modo como os aspectos são remediados para a construção final de sentido da nova mídia.

Nesta evolução de sentido do fenômeno da remediação no campo mais amplo da intermidialidade, um exemplo clássico é o filme de animação *Com amor, Van Gogh* (2017), escrito e dirigido por Dorota Kobiela e Hugh Welchman. O filme é baseado em cartas do pintor Vincent van Gogh e narra uma parte de sua vida e de seus conflitos. Ainda que seja um filme de animação, a filmagem inicial foi feita com atores e, em seguida, as cenas foram projetadas em telas que foram pintadas à mão em tinta a óleo. Nesse processo, os quadros do pintor foram utilizados como cenário e, na versão animada, fazem parte da paisagem que se move, levando o receptor a uma possível sensação de "realidade".

TRANSFORMAÇÃO DAS MÍDIAS: *REMIDIAÇÃO TRANSMIDIAL*

Lars Ellestrõm também postula que o conceito de "remediação" desenvolvido por Bolter e Grusin representa um bom início para a reflexão sobre o processo de transferência de características entre mídias diferentes. Segundo o pesquisador, "[...] não há produtos de mídia que não possam ser estudados em termos de transformação sem algum ganho" (Ellestrõm, 2017: 231). Contudo, o pesquisador defende que ainda é preciso desenvolver uma teoria consistente para compreender o fenômeno e analisar os traços deixados ao longo deste processo.

A partir dessa ideia, Ellestrõm propõe que uma teoria sobre o processo de remediação inclua três perspectivas importantes, a saber: 1) os aspectos de materialidade de mídia; 2) a percepção sensorial e 3) os aspectos semióticos e cognitivos. Para esse tipo de inter-relação de transferências, Ellestrõm propõe uma nova perspectiva, mais ampla, a de "transformação das mídias". Nesse sentido, o pesquisador busca explicar o que ocorre quando características de uma mídia são alteradas em sua transferência para outra mídia.

Em sua proposta, o foco está no estudo das "propriedades fundamentais que são potencialmente compartilhadas por todas as mídias" (Ellestrõm, 2017: 230). Ao comparar as mídias, semelhanças e diferenças se mostram essenciais para a compreensão do processo de transferência. É só a partir da constatação da manutenção de alguns traços, do descarte de outros e da adição de novos elementos, que se pode analisar a transferência e o resultado em um novo produto de mídia. Assim, tanto a perspectiva sincrônica (combinação e integração) quanto a diacrônica (transferência e transformação) colaboram para os estudos de mídia e sua formação a partir de uma transformação.

Ao refletir sobre a transformação de mídias e ampliar o conceito de remediação, Ellestrõm introduz a ideia de midiação, transmidiação e representação de mídias (verificar mais detalhes no capítulo "Adaptações narrativas e intermidialidade"). Segundo o autor, midiação "é uma realização pré-semiótica e física das entidades, percebida pelos receptores humanos dos sentidos no contexto da comunicação" (Elleström, 2017: 231). Midiar significa colocar uma ideia abstrata em um produto de mídia concreto. Essa ideia pode ser uma música, uma imagem, um texto. Qualquer que seja sua natureza, ela só se tornará comunicável se estiver corporificada ou concretizada em uma mídia. Em outras palavras: uma ideia só pode ser perceptível se ela for midiada.

Ao mesmo tempo, um produto de mídia só alcança uma representação se houver um receptor capaz de interpretar o que está recebendo. Elleström define a representação como "a criação de sentido nos atos de recepção perceptuais e cognitivos" (Elleström, 2017: 231). Se o receptor é capaz de compreender a representação através da ativação de seu repertório, outras representações podem ser construídas neste processo. A representação só vai acontecer se houver a midiação, por isso, elas são inter-relacionais. Midiação, nesse processo, faz parte do modo em que a mídia se materializou enquanto representação que refere a dimensão semiótica da mídia.

Transmidiar significa midiar uma mídia em um outro tipo de mídia (sobre isso, consultar o capítulo "Adaptações narrativas e intermidialidade") e dar-lhe significados além dos que ela já possui. Uma mídia pode ser transmidiada mais de uma vez e resultar em diferentes produtos. A partitura musical pode ser transmidiada por instrumentos musicais. Essa transmidiação pode ser gravada em um CD e transmidiada por um aparelho de som. Assim, o conteúdo que foi midiado por uma mente produtora através de uma partitura encontrou uma primeira representação. Então, esse conteúdo foi transmidiado para um perceptor pelos instrumentos musicais e encontrou novos receptores que elaboraram uma nova representação, e assim por diante a cada transmidiação. Nessa lógica, a transmidiação envolve um tipo de re-midiação, ou seja, a repetição de uma primeira, ou segunda midiação. Elleström propõe um novo termo composto a partir dessa perspectiva, *remidiação transmidial*. Contudo, na expectativa de simplificar o conceito ele prefere usar simplesmente *transmidiação* (Elleström, 2017: 233).

Assim, no campo da intermidialidade e do conceito desenvolvido por Elleström, uma mídia pode ser entendida por sua base transmidial, ampliando a concepção do processo de remediação de Bolter e Grusin. Nesse novo conceito, a transformação de uma mídia é analisada a partir das características envolvidas na transferência de traços da mídia, nas relações que se estabelecem nesse processo, na possibilidade de transferir ou não alguns traços, no resultado das representações que a nova mídia pode estabelecer. Para isso, Elleström propõe que a mídia seja analisada e descrita a partir de suas quatro modalidades: material, sensorial, espaçotemporal e semiótica (sobre isso, consultar o capítulo "Midialidade, intermidialidade e comunicação: o modelo de Lars Elleström"). Essas modalidades ajudam o pesquisador a mapear semelhanças e divergências entre a mídia de origem e a mídia de destino. Essa base é capaz de ajudar a pesquisa sobre como a transferência de traços da mídia e a representação de cada uma delas geram um novo produto de mídia.

ADAPTAÇÕES NARRATIVAS E INTERMIDIALIDADE

O termo *adaptação* tem sido utilizado, no campo da intermidialidade, para designar um produto ou um processo. Como produto, significa uma criação que passou por alguma modificação para se ajustar ao novo ambiente no qual está sendo inserido. Como processo, refere-se à transformação de uma obra fonte em uma obra derivada. As duas ideias se confundem e se fortalecem na medida em que, de algum modo, existe sempre uma replicação de um produto em outro ambiente.

Linda Hutcheon assevera que pensar nessa definição dupla de adaptação, isto é, como produto e como processo, aproxima "do uso comum da palavra e é abrangente o suficiente" (Hutcheon, 2011: 31) para abordar uma grande gama de produtos como, por exemplo, filmes que partem de obras literárias.

Na prática do processo adaptativo, o "texto" a ser adaptado passa por transformações para funcionar em um outro contexto: às vezes, se ajustando a outra época, a outro dispositivo, a outro público etc. O texto de partida origina, assim, um texto novo, derivado do primeiro; ele apresenta uma nova forma, mas conserva traços reconhecíveis do texto fonte. Por isso, como bem observa Hutcheon, "com as adaptações, parece que desejamos tanto a repetição quanto a mudança" (Hutcheon, 2011: 31). Atualmente, o termo encontra uma ampliação de sentido no campo da intermidialidade e da transformação de mídias.

NOVAS PERSPECTIVAS PARA A ADAPTAÇÃO

Há muitas razões para que alguém decida realizar uma adaptação. Uma delas é o desejo de ampliar o público da obra original, apresentando-a em formatos radicalmente diferente. Quem não conhece a história de amor de Romeu e Julieta? Entretanto, é provável que a maioria do público que fala sobre o casal símbolo de uma grande paixão jamais tenha lido o texto original, escrito no século XVI, por William Shakespeare. Elas podem ter conhecido a narrativa do escritor inglês através de traduções ou, ainda, por meio de formas não literárias de adaptação: a ópera de Charles Gounod (1867), os filmes de Franco Zeffirelli (1968) ou Baz Luhrmann (1996), a animação computadorizada de Kelly Asbury, *Gnomeu e Julieta* (2011), os quadrinhos de Mauricio de Sousa na Turma da Mônica (1978) ou *Romeu e Julieta* (2011) em estilo mangá, de Marcela Godoy, entre outros.

Além de viabilizar o conhecimento da obra original por um público expandido, a adaptação realiza, também, um processo de ampliação da irradiação da narrativa adaptada e das expectativas do receptor. Um bom exemplo desse processo é o da adaptação de romances ao longo do século XIX. Naquele momento, os romances representavam uma das mais procuradas formas de entretenimento. Ao ter o livro ou o jornal em mãos (no caso dos folhetins), o público se via diante de um texto essencialmente em linguagem verbal:

a palavra escrita era praticamente o único veículo para a propagação das narrativas.

A popularidade das narrativas romanescas era tão grande, entretanto, que aos poucos, vários romances foram sendo adaptados para o teatro, outra forma bastante popular de diversão e socialização. Transportados para o teatro, os enredos dos romances podiam atingir o público de maneira diversa. Além disso, essas adaptações permitiam que os espectadores que já haviam lido o romance o percebessem sob um outro ponto de vista. Desse modo, a adaptação ampliava, como se disse anteriormente, não apenas o *público*, mas as *expectativas* desse público receptor.

Esse recurso de adaptar a linguagem romanesca para a forma dramática foi amplamente utilizado. Vários romances de sucesso foram adaptados e começaram a ser encenados no teatro. O escritor francês Émile Zola é um exemplo dessa tendência: 13 adaptações foram feitas a partir de suas obras e representadas em Paris entre 1873 e 1902. A adaptação constitui, então, não apenas uma transformação, mas uma expansão da obra fonte, seja na dimensão do público que atinge, seja nas expectativas de leitura e dinâmicas de funcionamento.

A ampliação de público possibilitada pela adaptação pode se dar, também, pelo desejo de facilitar a compreensão da obra fonte. Por vezes, o texto original pode ser de difícil compreensão para públicos específicos, fazendo com que surjam esforços de adaptação com fins de simplificação. Esse processo tem se mostrado bastante recorrente como estratégia para tentar levar às crianças clássicos da literatura.

São muitos os exemplos no século XX da transformação de romances adaptados para leitura fácil. Várias editoras publicam versões facilitadas de grandes obras visando ampliar o público-alvo da narrativa original. Exemplos desse esforço de simplificação são as versões em prosa das grandes epopeias de Homero, da *Divina Comédia* de Dante ou das peças de Molière. Leitores que teriam dificuldade com o texto original – em razão, por exemplo, do vocabulário, da estrutura sintática ou das referências culturais –

sentem-se à vontade quando o enredo lhes é apresentado de maneira diversa, em que esses elementos não constituem empecilhos à compreensão da história.

Ao longo do século XIX, como já se apontou, tornou-se comum a prática de adaptar romances para o teatro. Por isso, não surpreende que esse mesmo desejo de recriar narrativas tenha atraído aqueles que experimentavam uma forma de comunicação bastante nova à época: o cinema.

O filme francês *Barbe-bleue* (1902), de Georges Méliès, baseado no conto de fadas *La Barbe-Bleue* (1697), de Charles Perrault, é um exemplo desse novo momento da adaptação. A obra pertence ainda ao ciclo do cinema mudo, o que reduzia o espaço do verbal e intensificava, desse modo, a necessidade de se encontrar formas de reconstruir o enredo original com base nos recursos específicos da nova mídia: iluminação, ângulo de câmera, montagem da sequência etc.

Transportados às telas do cinema, os romances alcançavam um público cada vez maior. Além disso, a obra adaptada ia formando uma nova expectativa nos receptores. Acostumando-se, aos poucos, a ver romances no teatro e no cinema, o público começava a esperar que houvesse mudanças, elementos novos, no romance, conforme apresentado no palco ou na tela. O público ia estabelecendo, assim, expectativas em relação ao processo mesmo de adaptação, o que expandia o potencial de apreensão da obra fonte.

O reconhecimento da natureza criativa da adaptação, de sua capacidade de criar novos sentidos, fez com que, aos poucos, essa prática ganhasse um novo *status*. Ela deixa de ser vista como uma mera imitação, como entendiam alguns críticos, ou um produto de segunda mão, para ser considerada uma prática enriquecedora da obra fonte.

Robert Stam, por exemplo, propõe romper esse *status* tradicionalmente subalterno da adaptação em relação à obra literária fonte. O autor desconstrói as ideias de "traição" ou "infidelidade", que implicam uma leitura da adaptação como empobrecimento do original, e traz, em contraponto, a ênfase na possibilidade de uma adaptação "trazer à vida" um romance. O autor pensa a adaptação a partir dos conceitos de intertextualidade (presença efetiva de um texto em outro texto) e à transtextualidade (conceito desenvolvido por Genette que aponta para qualquer nexo de um texto em relação a outro, inclusive a relação de intertextualidade). Stam acredita que uma adaptação constitui um processo complexo que leva à criação de um produto rico e multifacetado (Stam, 2006: 50).

Essa complexidade da relação entre adaptação e obra fonte foi abordada por Hutcheon através da imagem do palimpsesto. Referindo o processo adaptativo que não esconde a obra fonte, Hutcheon, afirma que "a adaptação é uma derivação que não é derivativa, uma segunda obra que não é secundária – ela é sua própria coisa palimpséstica" (Hutcheon, 2011: 30). Essa perspectiva coloca em outros termos o problema da "fidelidade" que a obra adaptada guardaria ou não em relação ao texto de origem. Ela permite que se avalie a relação novo produto-produto fonte a partir do funcionamento interno da obra adaptada e de suas estratégias para lidar com as expectativas do público receptor.

O processo de adaptação representa, assim, um ato de criação que não prioriza, necessariamente, a manutenção dos elementos narrativos do original, mas que envolve sempre uma reconfiguração, uma interpretação mais ampla, que se apropria, recupera e recria o texto primeiro. A missão do adaptador é, portanto, dupla: ao mesmo tempo que precisa avaliar o produto a ser adaptado e a possibilidade de transportá-lo para outra mídia, necessita também identificar problemas e obstáculos a serem superados para obter sucesso no seu projeto de nova expressão por meio da adaptação. O texto, em sentido amplo (Santaella, 2005), não é mais visto como uma forma acabada, mas como uma expressão que apresenta uma estrutura maleável que pode ser exposta não apenas a variações de conteúdo e de mídia, mas também de reinterpretação e de ressignificação.

ADAPTAÇÃO: AMPLIAÇÃO NO CAMPO DA INTERMIDIALIDADE

Considerar o processo adaptativo uma transposição criativa de traços de um produto fonte para outra mídia, conservando a trama ou narrativa principal, permite superar leituras redutoras desse processo e amplia as possibilidades de pesquisa nesse campo. O texto "original", o que dá origem à adaptação, agora não é mais tomado como uma forma acabada, sacralizada, intocável. Ele pode sofrer mudanças substantivas e sua estrutura é tratada como algo aberto, que pode ser retrabalhado e exposto a uma série de variações, interpretações e reavaliações.

O referencial teórico da intermidialidade oferece aos pesquisadores da adaptação perspectivas e categorias analíticas novas. É o caso, por exemplo, de duas abordagens intermídias sobre o processo da adaptação: a "transposição midiática", de Irina Rajewsky, e a "transmidiação", de Lars Elleström, que são apresentados a seguir.

Para Irina Rajewsky, "o efeito potencial das práticas intermidiáticas funda-se *sempre*, de alguma maneira, em fronteiras midiáticas e diferenças" (Rajewsky, 2012a: 71; itálico da autora). As ideias de fronteiras e de diferenças permitem abordar a questão da adaptação para além da noção mais tradicional de transposição de "mensagens" ou "conteúdos". Elas chamam a atenção para aspectos mais amplos que se inscrevem nas dinâmicas pelas quais uma narrativa primeira pode ser reconstruída.

Ao focalizar a intermidialidade "como uma categoria para a análise concreta de textos ou de outros tipos de produtos das mídias" (Rajewsky, 2012b: 23), a pesquisadora amplia, assim, o horizonte para se pensar a adaptação. Ela sustenta ser possível usar a intermidialidade como "categoria descritiva e analítica de certos fenômenos" (Rajewsky, 2012a: 57), como a adaptação, enfatizando sua especificidade intermidiática e ressignificando, no processo, o sentido de fronteiras entre duas obras. Desde a perspectiva de Rajewsky, é possível pensar em trabalhos de adaptação como fenômenos que revelam um "cruzamento de fronteiras entre as mídias" (Rajewsky, 2012a: 57).

Rajewsky propõe distinguir "subcategorias individuais de intermidialidade" que ajudem a analisar de forma mais palpável e uniforme as manifestações das mídias. Isto permite melhor compreender o seu funcionamento interno, possibilitando ampliar o repertório de categorias a utilizar e elementos a considerar quando da realização de adaptações (essas subcategorias são abordadas no capítulo "Intermidialidade como categoria analítica"). Para esta seção, dedicada à adaptação, focaremos apenas na subcategoria "transposição midiática" que trata especificamente das formas pelas quais uma configuração midiática individual funciona como fonte para a criação de um novo produto.

A transposição midiática se refere à transformação de um texto fonte estruturado em uma mídia específica que serve de ponto de partida para a criação de um novo produto de mídia. Como o processo implica a produção de uma nova mídia, essa subcategoria leva em consideração uma perspectiva "genética" de intermidialidade, isto é, o processo pelo qual uma mídia, ao gerar um novo produto, traz as marcas de uma "hereditariedade" na nova criação midiática. Nesse sentido, "a qualidade intermidiática – o critério de cruzamento de fronteiras midiáticas – relaciona-se à maneira pela qual uma configuração midiática *vem ao mundo*" (Rajewsky, 2012a: 58-59). Há uma relação inexorável entre o produto fonte, a configuração midiática de origem, e a nova mídia, que carrega em seu interior traços de sua origem.

Embora essa conexão entre a configuração midiática do produto fonte e do novo produto seja incontornável, importa notar que, para a análise de adaptações desde o ponto de vista da transposição midiática, a nova mídia e seu funcionamento interno são investigados em sua própria dinâmica. Isto é, a relação pode estar exposta, mas cada mídia possui uma forma individual de funcionar e de se apresentar aos receptores. Por essa razão, importa entender cada adaptação desde a singularidade de sua configuração midiática.

O caso da animação *Persepolis* (2007), dos diretores Marjane Satrapi e Vincent Paronnaud, que tem por mídia fonte a HQ homônima (2000), de Marjane Satrapi, é um bom exemplo das possibilidades analíticas atreladas à proposta de pensar as adaptações a partir da perspectiva da transposição midiática. Ainda que a animação use os mesmos desenhos e narre praticamente a mesma história da HQ, cada um desses produtos de mídia apresenta modos diversos de operar seus mecanismos internos e de interagir com o receptor. O público, ao assistir a animação, entra em contato mediado com o texto fonte, a HQ, que se revela no novo produto criado. Nesse processo, pode-se perceber que a linguagem do cinema acrescenta "camadas adicionais de sentidos que são produzidos especificamente pelo ato de se referir, se relacionar" (Rajewsky, 2012b: 26).

O receptor se torna uma peça-chave para a apreensão e para as possíveis significações inferidas à nova mídia. Ao ativar sua competência enciclopédica (Maingueneau, 2013: 46), ele pode ou não relacionar o novo produto de mídia a uma mídia anterior. As estratégias intermidiáticas delineiam uma linha tênue de "limites da mídia" que ativa a percepção do receptor e pode evocar uma configuração midiática anterior. No exemplo de *Persepolis*, o receptor só não vai identificar a HQ se não souber de sua existência. Essa não identificação não é substancialmente relevante para os estudos da adaptação desde o ponto de vista proposto por Rajewsky. Essa perspectiva reforça a ideia de que apenas o produto fruto da adaptação e seu funcionamento interno importam no momento de análise da nova mídia.

As especificidades de cada mídia geram assim ferramentas importantes, passíveis de investigação que colaboram na formação de uma análise crítica das adaptações. Por isso, o emprego da subcategoria "transposição midiática" permite apreender dinâmicas que ajudam a entender, mais a fundo, os mecanismos da mídia gerada pela nova obra. Nesse sentido, é possível entender a ampliação do conceito de adaptação a partir do referencial da intermidialidade: a ideia de um texto "original" (no sentido de origem) é tomada como a fonte de um novo produto de mídia que é resultado de "um processo de transformação específico de mídia e obrigatoriamente intermidiático" (Rajewsky, 2012b: 24).

ADAPTAÇÃO, MIDIAÇÃO E TRANSMIDIAÇÃO

Lars Elleström investiga as relações entre adaptação e intermidialidade a partir do ponto de vista dos estudos da semiótica. O autor acredita que, ao pesquisar "formas de arte" partindo da ideia de "mídia" em um sentido mais amplo, os estudos da adaptação ganham perspectiva renovada. A adaptação no campo da intermidialidade é vista aqui como a transferência de traços de mídias, mais do que de mensagens ou enredos. A partir de um texto original, há uma transferência de traços para um novo produto, uma *mídia de destino*. Nesse processo, o que é analisado são os traços que estão presentes na nova mídia e que foram frutos da mídia anterior, a de origem. O pesquisador nomeia essa transformação de mídia de *transmidiação*.

Elleström busca contribuir para superar o que considera ser limitações da maioria das pesquisas na área de adaptação. O pesquisador observa que "[...] grande parte das pesquisas em adaptação prefere não discutir qualquer tema que não seja a própria adaptação, entendida geralmente como aquela entre romances e filmes" (Elleström, 2017: 176) e lamenta a falta de um quadro teórico mais robusto nesse campo. Ele indica que os estudos de adaptação necessitam urgentemente de um contexto de pesquisa mais amplo e bem desenvolvido.

O pesquisador ainda critica os estudos da adaptação que avaliam a adaptação como bem ou malsucedida o que, inevitavelmente, leva em consideração a ideia de fidelidade, quesito, segundo ele, "vago e ambíguo". Para Elleström, o estudo de Linda Hutcheon, *Uma teoria da adaptação*, tem seu valor em relação à pesquisa sobre as transformações de mídia, porém ele acredita que a autora limita sua investigação "às mídias que carregam história" (Elleström, 2017: 182). Ele considera a abordagem de Hutcheon "mais pragmática do que teórica" ao se concentrar em "três categorias de capacidade das mídias: contar, mostrar e interagir" (Elleström, 2017: 182).

Em um esforço de alargar a perspectiva dos estudos de adaptação, Elleström sustenta a ideia de que a "adaptação, entendida como um fenômeno de mídia e não como ajuste ou aclimatização de qualquer coisa, é sem dúvida, um tipo de transformação midiática. Além disso, é um tipo específico de transformação de mídias" (Ellestrõm, 2017: 203). Para ele, é possível ampliar os conceitos de texto original e texto alvo ao tomar o objeto adaptado e sua adaptação como mídias no sentido de "ferramentas de comunicação", isto é, de "entidades intermediárias que fazem conexão entre dois ou mais pontos de vista possíveis" (Ellestrõm, 2017: 201).

Ellestrõm coloca em destaque as diferenças e semelhanças entre as mídias e "suas funções constitutivas para a construção de significado na comunicação" (Ellestrõm, 2017: 201). Nessa perspectiva, como se apontou, a adaptação aparece como uma transmidiação: "uma mídia representa de novo, mas de forma diferente, algumas características que já foram representadas por outro tipo de mídia" (Ellestrõm, 2017: 204). É importante destacar que nesse processo não se espera que uma mídia represente a mídia fonte, mas que ela represente "seus traços de uma nova maneira" (Ellestrõm, 2017: 205).

Ellestrõm propõe, assim, uma investigação das "transformações das mídias a partir de um ponto de vista básico e teórico", inserindo os estudos da adaptação nesse novo cenário. Ele entende ser indispensável pensar a adaptação em relação às questões de transmidialidade, estabelecendo novas possibilidades de análise que podem ser mais produtivas e "estender os limites de referência do campo" (Ellestrõm, 2017: 178).

Para Ellestrõm, a adaptação envolve o ato de "midiar", no sentido de realizar "o processo através do qual um meio técnico torna percebível algum tipo de conteúdo de mídia". A transmidiação, por sua vez, ocorre quando "o conteúdo de uma mídia é midiado uma segunda vez (ou 3ª ou 4ª) por outro meio técnico" (Ellestrõm, 2017: 182). A *midiação* funciona como o vetor que leva, através de um meio técnico, o conteúdo de uma mídia e o torna perceptível, pela primeira vez, para o mundo concreto e as pessoas que nele vivem; já a *transmidiação* é uma nova forma do conteúdo que já foi midiado.

Esses processos são fortemente baseados na forma material da mídia. Uma página de um livro pode midiar um poema, como por exemplo, o livro *Sentimento do mundo*, que midia o "Poema da Necessidade", de Carlos Drummond de Andrade. O poema pode assim ser visto e lido na página do livro. Quando Tom Jobim gravou uma performance com esse poema,[2] houve uma transmidiação, o que envolve, necessariamente, um grau de transformação.

Ao pensar o processo de adaptação como um campo de pesquisa dentro da intermidialidade, Ellström distingue dois tipos de transformação de mídia que, segundo ele, devem ser entendidas como categorias analíticas:

1. Transmidiação: transformação de mídia que consiste em fazer uma representação repetida mas não idêntica de "características de mídias por um outro tipo de mídia"; ou seja, ela "envolve o processo de percepção do conteúdo da mídia através dos meios técnicos" (Ellström, 2017: 179). Nesse processo, é feita uma escolha de características, traços de um produto fonte para repeti-los de uma forma diferente em um outro tipo de mídia.

   Exemplos desse processo são narrativas de linguagem verbal escritas que são transmidiadas para televisão ou cinema. O romance *Éramos seis* (1943), de Maria José Dupré, por exemplo, foi transmidiado várias vezes e para diferentes versões em telenovela.[3] Cada uma dessas realizações traz características, traços do romance de Maria José Dupré, mas não repetem sua moldura narrativa. Interessante ainda notar que a transmidiação opera livremente os traços eleitos e que, na última transmidiação, talvez a expectativa de muitos leitores e espectadores em relação à narrativa de Dupré tenha sido realizada ao assistir Dona Lola

---

[2] Disponível em https://www.youtube.com/watch?v=Mt1JR8BMBMA, acesso em 28 maio 2021.
[3] A pioneira foi a TV Record (Ciro Bassini,1958), seguida da Rede Tupi por duas vezes (Pola Civelli, 1967 e Silvio de Abreu, 1977). Nos anos 1990, o SBT (Silvio de Abreu e Rubens Ewald Filho, 1994), e nos anos 2010, a Rede Globo (Angela Chaves, 2019). Interessante notar o número de transmidiações do mesmo produto de mídia fonte e em épocas diferentes.

ganhando um final feliz casando-se com Afonso e vendo o retorno do filho Alfredo, depois de dez anos de ausência. Ainda que essas transmidiações tenham partido do produto de mídia fonte, o romance, elas podem também carregar traços das transmidiações realizadas por adaptações anteriores.

Ellestrõm adiciona ainda uma ideia inédita ao conceito de transmidiação que não faz parte dos estudos da adaptação ao introduzir a categoria de submídia. Segundo ele, é a materialização de meios técnicos que são concebidos especificamente para serem transmidiados. Exemplos claros dessa categoria são as midiações do libreto de uma ópera, uma partitura de música ou o roteiro de um filme e suas transmidiações. Essas submídias são essenciais para a realização de uma ópera, de uma música ou de um filme e, em geral, fazem parte do cenário de especialistas interessados em apreciar esse tipo de produto, contudo não representam configurações que atinjam um público mais amplo, interessado nas mídias derivadas dessas submídias.

2. Representação de mídias: esse processo está fortemente ligado à midiação e é uma categoria que consiste em representar uma mídia em um outro tipo de mídia. Em realidade, "midiação e representação estão profundamente inter-relacionadas" (Ellestrõm, 2021: 66). Representação envolve a "criação de sentido, ou a significação, de um produto de mídia" (Ellestrõm, 2017: 179). A representação de mídia não replica um tipo ou produto de mídia de origem, mas aponta para ele a partir dos recursos e da ótica do tipo de mídia materializado. Na representação, a moldura narrativa se repete no processo de transferência de mídia. Para o autor, a representação "é um fenômeno semiótico que deve ser entendido como o cerne da significação" (Ellestrõm, 2021: 65). Depende da representação o modo como o perceptor cria em sua mente a ideia, o "valor cognitivo na comunicação" (Ellestrõm, 2021: 65) que vai gerar o significado para ele no processo da comunicação.

Elleström sugere três termos para designar os processos de representação (para mais detalhes sobre representação, consultar o capítulo "Midialidade, intermidialidade e comunicação: o modelo de Lars Elleström"). O primeiro é o que apresenta a representação de forma simbólica e que o autor nomeia "descrição". O segundo apresenta as representações icônicas e recebe a nomeação "ilustração". O último apresenta representações indiciais e é nomeado "indicação". A construção de significado de um produto de mídia, em geral, conta com as três modalidades, embora uma delas sempre tenda a ser preponderante. Elleström ainda aponta que "quando algo representa, esse algo evoca algo a mais; a entidade representativa torna alguma outra coisa – o representado – presente na mente" (Elleström, 2021: 65).

Um exemplo de representação de mídia pode ser observado na resenha "Francisco, El Hombre lança clipe emocionante da incrível *O Tempo É Sua Morada*", de Ana Júlia Tolentino. Ao retomar o clipe de Francisco, El Hombre, Ana Júlia presentifica na mente de seu leitor as imagens do clipe. A representação da mídia fonte, o clipe oficial[4] da música "O tempo é sua morada", de Francisco, El Hombre, cria estímulos na mente do leitor e direciona o receptor para a mídia fonte usando seus recursos e seu ponto de vista, repetindo a moldura da mídia fonte na transferência, o clipe de El Hombre. Segundo Elleström, "[é] por meio da representação – e, de forma mais abrangente, da significação – que esferas virtuais são criadas na mente do perceptor" (Elleström, 2021: 66). O perceptor reconstrói mentalmente o clipe a partir das imagens (*ilustração*) que criam a mensagem da doação de órgãos (*indicação*) e reelabora o sentido com os acréscimos feitos por Tolentino, como, por exemplo, a menção à página oficial da banda (*descrição*).

Para além de sua ideia de transmidiação, Elleström sugere pensar em algumas zonas fronteiriças da adaptação, a partir de um conjunto

---

[4] Disponível em https://www.youtube.com/watch?v=783qJgyQnno&feature=emb_logo, acesso em 28 maio 2021.

de indagações: 1) quais mídias estão envolvidas na adaptação: criações individuais ou grupos de mídia?; 2) quais são os tipos de mídia que devem ser analisados; 3) qual o caráter das características transmidiadas (transferência de todos os tipos de característica da mídia, ou apenas os traços narrativos)?; 4) qual tipo de relação existe entre as mídias envolvidas?

A adaptação, segundo Elleström, "é um tipo de transmidiação que se caracteriza pela transferência de uma combinação de características de mídias entre mídias distintas" (Elleström, 2017: 220). Nesse processo, as mudanças operadas na mídia são decorrentes de semelhanças e diferenças essenciais de mídias "pré-semióticas e semióticas" (sobre isso, consultar o capítulo "Midialidade, intermidialidade e comunicação: o modelo de Lars Elleström"). Um produto de mídia específico deve ser percebido através de pelo menos uma modalidade pré-semiótica (material, sensorial, espaçotemporal) ou uma modalidade semiótica (descrição, ilustração e indicação) [Elleström, 2017: 184 e 222]. Ainda sobre as modalidades, consultar o capítulo "Midialidade, intermidialidade e comunicação: o modelo de Lars Elleström".

Os conceitos aqui apresentados sobre o processo de transformação de mídia derivados da ideia de adaptação, "transposição midiática", de Irina Rajewsky e "transmidiação", de Lars Elleström, oferecem aos estudiosos da adaptação possibilidades para fundamentar seus estudos e análise por meio do referencial teórico desenvolvido no âmbito dos estudos da intermidialidade. Cabe ressaltar que esses não são os únicos pesquisadores que trabalham com as questões sobre adaptação nessa área, mas são eleitos a compor este capítulo pela influência que seus estudos têm para os debates sobre adaptação.

INTERMIDIALIDADE, EXPANSÕES NARRATIVAS E TRANSMÍDIA

A inter-relação entre diferentes mídias permite expandir as possibilidades de narrativas tradicionais. Sob a perspectiva dos estudos da intermidialidade, as extensões transmídia possibilitam alterar relações entre conteúdo, personagens e outros elementos narrativos, bem como sua relação com o receptor.

Para Camila Augusta Pires de Figueiredo, "[a] narrativa transmídia designa a utilização de várias plataformas midiáticas que convergem para contar uma história, sendo que cada novo texto contribui de forma distinta para tal" (Figueiredo, 2018: 18).

A transmídia, isto é, a expansão de um texto fonte, que funciona como mídia central, por meio da construção de uma constelação de diferentes produtos de mídia, cria uma nova estrutura narrativa. Nessa nova estrutura, diferentes produtos formam um novo espaço que tem como centro de gravidade a mídia fonte, mas em que os outros produtos midiáticos se inter-relacionam constantemente.

Através de produtos em diferentes plataformas de mídia, a narrativa transmídia cria estruturas narrativas complexas e estabelece uma rede de interações midiáticas e de sentido que impacta o funcionamento de cada um desses produtos. A noção de transmídia ajuda a compreender uma série de práticas contemporâneas e aponta para a centralidade das novas mídias na expansão e renovação de modos tradicionais de narrativa.

INTER-RELAÇÕES E EXPANSÕES NARRATIVAS

Em *Cultura da convergência* (2009), Henry Jenkins propõe a expressão "história transmídia" que ele define como uma narrativa que acontece em "múltiplas plataformas de mídia". Essas diferentes plataformas apresentam diferentes textos que se ligam por meio de um texto referencial e colaboram de formas diversas para o produto total. Isto é, a história transmídia, em sentido amplo, é composta pela constelação de mídias que gravitam em torno de uma narrativa central. Segundo Jenkins, "na forma ideal de narrativa transmídia, cada meio faz o que faz de melhor" (Jenkins, 2009: 138), contribuindo, com sua especificidade, para a construção de um espaço narrativo plural.

Yvana Fechine e Alexandre Figuerôa entendem que "[a]s narrativas transmídias envolvem a criação de universos ficcionais compartilhados pelos diferentes meios, cabendo a cada um deles desenvolver programas narrativos próprios, mas de modo articulado e complementar com os demais" (Fechine; Figuerôa, 2011: 19). A dialética entre narrativas particulares e narrativa geral é constitutiva desse tipo de construção e estabelece um jogo em que os sentidos de cada produto podem ser lidos, simultaneamente, como obra completa e como obra em relação com os outros produtos.

Para Marie-Laure Ryan (2013), esse tipo de relação transmídia não pode ser visto como uma novidade absoluta. A pesquisadora indica que a ideia de uma narrativa principal com outras orbitando ao seu redor pode ser verificada desde a Idade Média pelo modo de distribuição das narrativas bíblicas. A Bíblia, nesse caso, aparece como o texto primeiro, a mídia principal, e é cercado por uma constelação de formas diferentes que auxilia a divulgar o seu conteúdo como sermões, dramas da paixão, pinturas, vitrais etc.

Por sua natureza rizomática, a narrativa transmídia, ao se formar, constrói sempre um espaço em que múltiplos produtos interagem em rede, sem rígidos modos de relação ou hierarquias. Esse espaço é condição *sine qua non* para a construção do universo transmídia. E nele, uma sequência de acontecimentos da narrativa se desenvolve no tempo, diacrônica (produtos vão sendo adicionados a esse espaço) e sincronicamente (os produtos nesse espaço se relacionam entre si). Espaço e tempo se tornam inseparáveis na estruturação das narrativas transmídias.

Bruno Cailler e Céline Masoni Lacroix pensam a relação estruturante da mídia como relação espaço-narrativa. Eles destacam a dimensão relacional e propõem um *continuum* do novo espaço da narrativa. Dessa forma, as narrativas se relacionam e estabelecem uma forma de continuidade entre elas de modo que "[p]ercepções, representações, modalidades de recepção mas também fragmentos narrativos textuais ou audiovisuais são redistribuídos em um espaço socionarrativo" (Cailler e Lacroix, 2017: 5; tradução nossa).

Ryan define três tipos de relação do universo narrativo com o texto: 1) um texto e um universo (o texto constrói seu universo narrativo e só é possível ter acesso a esse universo através desse texto); 2) um texto e muitos universos (o texto se apresenta de forma indeterminada e por isso pode-se associá-lo a diferentes narrativas); 3) um universo e muitos textos (multiplicação de ações de uma mesma narrativa). Ryan ainda aponta que o fenômeno transmídia é um exemplo da terceira relação (Ryan, 2013: 100).

Além disso, partindo da classificação proposta por Lubomír Dolezel de que um universo ficcional se relaciona a outro por meio de *expansão*, *modificação* ou *transposição*, Ryan acrescenta uma quarta categoria, a *citação*. Essas categorias, como veremos adiante, podem ser aplicadas à ideia de narrativa transmídia.

A *expansão* amplia o universo original acrescentando outros universos sem, no entanto, modificar substancialmente o universo primeiro. Nessa relação, personagens podem ser retomados e visitar outros universos, em um tempo diferente.

O universo de Harry Potter, por exemplo, é expandido quando J.K. Rowling escreve o roteiro de *Animais fantásticos: os crimes de Grindelwald*. A narrativa apresenta o jovem bruxo Newt Scamander e sua relação com o diretor de Hogwarts, Alvo Dumbledore, ainda jovem. O filme retoma o universo de Harry Potter ao apresentar a escola e o então jovem diretor. O público que conhece a narrativa de Harry Potter imediatamente entende que os fatos que acontecem em *Animais fantásticos* antecederam a história de Harry Potter.

Já a *modificação* e a *transposição* se referem a universos relacionados, porém diferentes. A modificação vai elaborar um novo universo, há uma nova estrutura e uma nova narrativa; a transposição, por sua vez, preserva a narrativa, mas modifica suas características temporais e espaciais. As duas relações criam "uma relação de sobreposição com o universo original" (Ryan, 2013: 102) que pode ocorrer de três formas distintas: sobreposição, inclusão e repetição do universo de forma ampliada.

Um exemplo de *modificação* é o filme *Gemma Bovery: a vida imita a arte* (2014), da diretora Anne Fontaine, baseado na história em quadrinhos homônima (2000) de Posy Simmonds. Nessa produção, a história de Emma, personagem do romance *Madame Bovary* (1856), de Flaubert, é retomada com alterações que afetam o universo, a narrativa e a estrutura do romance. Na produção cinematográfica, o casal de ingleses Gemma Bovery e Charlie se muda da Inglaterra para um vilarejo na Normandia, França. Um vizinho curioso e apaixonado por literatura, Martin Joubert, relaciona a personagem Gemma e sua rotina àquela de Emma. O universo primeiro, o romance de Flaubert, é retomado e reconhecível, mas toda a narrativa é reestruturada e modificada.

Um exemplo de *transposição* é a montagem da ópera *La Bohème* (1895), de Giacomo Puccini, realizada por Claus Gurth em 2017. A narrativa de Puccini, baseada no romance *Scènes de la vie de Bohème* (1851), de Henri Murger, apresenta a história de Rodolfo, um poeta pobre, que se apaixona por Mimi, na boemia Paris do final do século XIX. Gurth transporta a mesma narrativa para o futuro intergaláctico. Os personagens estão em uma astronave perdidos no espaço sideral.[5] Aqui, diferentemente da adaptação *Gemma Bovery*, em que uma nova *fabula* é escrita, a narrativa da ópera de Puccini (o romance entre Rodolfo e Mimi) é preservada, mas suas características temporais (final do século XIX/futuro indefinido em que há homens em um planeta intergaláctico) e espaciais (Paris/espaço sideral) foram modificadas.

A quarta categoria adicionada por Ryan, a *citação*, diz respeito a um componente acrescentado ao universo narrativo que não é totalmente absorvido pois não se harmoniza nem apresenta identidade com o ambiente ao qual foi inserido. Segundo a autora, essa categoria tem destaque no dadaísmo e no surrealismo.

O longa metragem *Maria Antonieta* (2006), dirigido por Sofia Coppola e que recebeu o Oscar de Melhor Figurino em 2007, é um exemplo da citação conforme idealizada por Ryan. Em uma cena que dura aproximadamente um segundo, é possível observar um par de tênis da marca Converse All Star (século XX) entre os sapatos de época (século XVIII) da rainha da França. A citação extemporânea do calçado provavelmente desperta reações das mais diferentes do público receptor. A diretora, Sofia Coppola, declarou que o tênis teria sido apenas um "elemento de brincadeira".

A *expansão* é, provavelmente, a categoria mais frequente no sistema narrativo transmídia. É por ela que seus criadores podem

---

[5] Trailer disponível em https://www.youtube.com/watch?v=38zmrBqMCW0, acesso 14 set. 2021.

ampliar o universo original e acrescentar novos universos, como aquele já citado da expansão da saga *Harry Potter* e do filme *Animais fantásticos*.

A expansão narrativa pode se dar, também, por meio da transficcionalidade. É Richard Saint-Gelais quem propõe esse conceito, que define como "o fenômeno pelo qual ao menos dois textos, do mesmo autor ou não, se relacionam ao mesmo tempo a uma mesma ficção, seja pela retomada de personagens, prolongamento de uma intriga ou partilha de universo ficcional" (Saint-Gelais, 2011: 7; tradução nossa). Saint-Gelais adverte que, em sua definição, usa "texto" em uma acepção ampla que abrange não só os textos verbais escritos, como, por exemplo, o romance, o conto ou a poesia, mas também o cinema, a televisão, a HQ etc.

O romance *O caso Mersault* (2016), do escritor Kamel Daoud, é um exemplo da transficcionalidade proferida por Saint-Gelais. No romance, o personagem Haroun narra em primeira pessoa a história de seu irmão, um "árabe" que foi assassinado por Mersault, nome do personagem criado por Albert Camus em *O estrangeiro* (1942).

Assim, por meio da narrativa de Daoud, o personagem de Camus transcende seu texto de origem e circula em outra trama romanesca. A narrativa transficcional de Daoud age sobre o texto primeiro, sobre seu modo de contar, expandindo, no processo, a narrativa de Camus e as possibilidades de significação dessa obra referencial.

O uso de um personagem como ponto de inter-relação de obras não é casual. A engrenagem de um texto narrativo ficcional funciona a partir de diferentes elementos. Entre esses elementos, os personagens têm particular importância para a transficcionalidade. Com muita frequência, são eles que vão circular entre os textos em relação – os textos que permitem haver a trans-ficção –, levando sua identidade e reforçando a ideia de identidade do universo que une obras diversas.

A noção de transficcionalidade compõe, assim, o conjunto de estratégias contemporâneas para a expansão e construção de narrativas, dialogando, portanto, com as dinâmicas estabelecidas pela transmídia. Ao multiplicar aspectos da narrativa primeira, um universo ficcional se constitui e pode remeter ao texto de origem de modo a ampliá-lo.

COMPOSIÇÃO E CONSTRUÇÕES DE NARRATIVA TRANSMÍDIA

A narrativa transmídia pode ser construída de diferentes modos. Marie-Laure Ryan (2013) propõe dois polos principais para a estrutura transmídia. O primeiro polo é aquele que acontece a partir de um texto fonte. Esse texto pode, eventualmente, fazer muito sucesso, tornar-se muito popular e motivar, por essa razão, a criação de novos produtos a partir do principal. Ryan chama esse processo de efeito "bola de neve". Nesse tipo de narrativa transmídia, há um texto principal que faz a ligação com outros textos. Ele é o ponto comum entre todos os outros textos.

Esse polo apresenta, em geral, elementos sobrepostos. Há uma repetição de personagens e de acontecimentos que se revelam em mídias diferentes (filme, jogos, videogames etc.).

A saga *Guerra nas Estrelas* é um exemplo do efeito "bola de neve". Desde o primeiro filme, a história de Luke Skywalker e de seus embates com Darth Vader se tornou sucesso no mundo todo. Ela gerou, consequentemente, uma infinidade de diferentes produtos: jogos, livros, videogames, HQ, entre outros. É importante observar que esse "polo" de narrativa transmídia se constitui a partir do sucesso de uma narrativa e não de uma vontade explícita de criar um universo transmidial desde a origem da criação da narrativa primeira. Além disso, os produtos que fazem parte desse polo não se inter-relacionam diretamente, apenas coabitam um mesmo universo narrativo.

Já o segundo polo refere em uma concepção mais recente do processo de criação de narrativas. Hoje em dia, já é comum que um projeto seja elaborado com a intenção de produzir o "efeito bola de neve", isto é, de desdobrar-se em diferentes produtos. Nesse caso, há uma intenção deliberada de criação de um produto para ser o principal e realizar sua expansão, seu desdobramento em diferentes mídias. Nessa estratégia, desde o início, os produtores estão interessados em criar universos narrativos (*storyworlds*) que vão se tornar, por exemplo, franquias comerciais. O receptor tem lugar fundamental nesse polo. Ele se torna alvo central para consumir o maior número de mídias possível a partir de um texto medular. A narrativa principal é chamada de nave mãe, alegoria utilizada por Jenkins e seus seguidores, e seu conteúdo é expandido por meio de um conjunto de diferentes mídias, isto é, por meio de extensões transmídia.

O exemplo de Jenkins sobre *The Matrix* elucida esse polo de narrativa transmídia. O filme funcionou como um "ponto de entrada no sistema" que previa uma constelação narrativa através de videogames, quadrinhos e outras mídias. Nesse tipo de narrativa, os produtos são dependentes e um auxilia o outro a "desvendar" algumas situações. Por exemplo, os jogos dependem da narrativa principal do filme para que seu funcionamento seja mais compreensível. Jenkins observa que "[M]atrix é entretenimento para a era da convergência, integrando múltiplos textos para criar uma narrativa tão ampla que não pode ser contida em uma única mídia" (Jenkins, 2009: 137).

TRANSMÍDIA E INTERMIDIALIDADE

Ryan, como observado anteriormente, afirma que transmídia é "a expansão das histórias populares além de sua mídia original" (Ryan, 2020: 7). Ao aproximar a ideia de mídias que transitam em uma narrativa transmídia, é possível situar o estudo transmídia no campo da intermidialidade.

Irina Rajewsky distingue três tipos de fenômenos que se dão entre mídias que ajudam a refletir sobre as narrativas transmídia: *intermidiáticos*, *intramidiáticos* e *transmidiáticos*. Fenômenos *intermidiáticos* sempre sugerem o cruzamento de fronteiras entre as mídias (sempre há um deslocamento de uma mídia para a outra, por exemplo, a relação de um filme e de sua adaptação em outra mídia); *intramidiáticos* são fenômenos que se relacionam com outras mídias mas que não cruzam fronteiras (o foco sempre está em uma mídia e o modo como seu funcionamento interno se relaciona com outras mídias, por exemplo, um filme que faz referência a uma obra de arte); *transmidiáticos*, finalmente, são aqueles que apresentam um tema em diferentes mídias (como, por exemplo, a cultura cigana representada na ópera, no cinema, em HQ, em pintura, entre outros). As narrativas transmídia podem ser compreendidas a partir dessa última categoria.

Werner Wolf vai ao encontro do que postula Rajewsky sobre o conceito de transmidialidade. Ele elabora duas categorias de análise desse fenômeno a partir da perspectiva da intermidialidade: as de relações intracomposicionais e extracomposicionais (verificar capítulo "Intermidialidade como categoria analítica"). É na categoria extracomposicional que estão inseridos os fenômenos transmidiáticos que, para o autor, são "fenômenos não específicos de mídias individuais. Uma vez que aparecem em mais de uma mídia, eles apontam para similaridades palpáveis entre entidades semióticas heteromidiais" (Wolf, 2005: 253; tradução nossa).

Lars Ellestrӧm entende que a transmidialidade é o horizonte a partir do qual se devem discutir questões ligadas à "transferência de traços de mídia de um tipo de mídia para outro" (Ellestrӧm, 2017: 206). O pesquisador distingue os estudos de intermidialidade, que "inclui todos os tipos de relações entre diferentes tipos de mídia" e transmidialidade, que "inclui relações intermidiáticas mais estreitas que se caracterizam por transferências reais ou potenciais" (Ellestrӧm, 2017: 202-203).

Evelyne Deprête e German A. Duarte vão ao encontro da perspectiva de Ellestrӧm e veem a transmidialidade no campo mais amplo das adaptações de mídias. Para os pesquisadores, a transmidialidade pressupõe "uma superposição, uma diversificação e uma interconexão das mídias" (Deprête e Duarte, 2019: 14; tradução nossa). Os pesquisadores reforçam a ideia de Jenkins sobre convergência e apontam para a criação de um novo universo midiático feito de convergências de mídias.

Para os autores, a característica principal da transmidialidade está na sua "capacidade de transformar a narração em um ato coletivo de participação: ela se torna um sistema de compreensão que determina a organização e a produção de conhecimento e, sobretudo, a organização das estruturas narrativas que a articulam" (Deprête e Duarte, 2019: 15; tradução nossa).

Os estudos de Camila Augusta Pires de Figueiredo (2017) sobre a transmidialidade incrementam as perspectivas lançadas por esses pesquisadores. Figueiredo reflete sobre a cultura da convergência, a narrativa transmídia e a transmidialidade dentro dos estudos da intermidialidade. A pesquisadora propõe a expressão "franquia transmidiática" como forma de ampliar a perspectiva do fenômeno dentro dos estudos da intermidialidade.

Para Figueiredo, uma categoria ampla como a transmidialidade "incluiria todas as estéticas e temáticas observadas de maneira pontual e isolada em vários produtos de mídia ao longo do tempo". "Franquia transmidiática", segundo a pesquisadora,

> designaria o conceito de transmídia como concebido por Jenkins, ou seja, um projeto concebido como transmidiático ou que passa a ser planejado e a se desenvolver, estrutural e cronologicamente, de maneira coordenada para oferecer ao público uma experiência transmidiática. (Figueiredo 2017: 78)

Para Figueiredo, uma "narrativa transmídia ideal" não repetiria informações. A pesquisadora vislumbra uma constelação midiática em que "cada mídia oferece novos níveis de revelação, que se juntam para compor a narrativa completa" (Figueiredo 2017: 71). Figueiredo destaca o papel da recepção em seus estudos e introduz a questão da "experiência transmidiática" da franquia com o receptor.

Figueiredo sustenta que a transmídia se apoia em uma tríade: "a convergência dos meios de comunicação, a cultura participativa e a inteligência coletiva" (Figueiredo 2017: 71). E observa que nessa tríade diferentes mídias participam da criação de conteúdo que é absorvido pelo receptor. É o receptor que vai elaborar um significado interior que vai interagir socialmente com outros significados. Esse receptor reage ao conteúdo recebido ao interagir com as mídias e até mesmo produzir novos conteúdos:

> a transmídia vai além de uma temática ou estética presente em vários produtos de mídia individual [...]. Pela propagação de personagens, enredos e mundos, ela cooperaria na construção de universos ficcionais extremamente complexos, multimidiáticos e coesos. (Figueiredo 2017: 72-73)

O conceito de narrativa transmídia investigado sob a lente da intermidialidade permite, assim, novas perspectivas de análise, sejam de estratégias narrativas tradicionais, sejam dos novos modos de produção e circulação de narrativas. Ele permite uma apreensão mais substantiva das interações entre formas narrativas, práticas sociais e mídias.

RENOVAÇÃO DE CONCEITOS NO CAMPO DA INTERMIDIALIDADE

A busca por compreender alguns fenômenos que ocorrem no campo da intermidialidade faz com que antigos conceitos e abordagens sejam retomados e ressignificados para ancorar perspectivas de compreensão das mídias e das relações estabelecidas entre elas.

Este capítulo examina conceitos já cristalizados e estabelecidos em outras áreas/disciplinas, retoma algumas definições e observa sua apropriação e transformação pelos estudos da intermidialidade.

DA CITAÇÃO VERBAL À CITAÇÃO VISUAL

Com a expansão crescente do apelo imagético em diferentes mídias, acentuada nos séculos XX e XXI, a ideia de citação, já bem estabelecida nos estudos sobre textos verbais escritos, torna-se valiosa para explicar novos fenômenos de relações entre imagens. Nesse processo, a citação verbal serve de ponto de partida para a criação de um conceito novo: a citação visual.

O conceito de citação visual busca explicar de modo consistente, estratégias narrativas que não se relacionam à linguagem textual escrita. Como esse processo ocorre a partir de imagens, e como seu funcionamento se dá na relação entre produtos de mídia envolvendo imagens, utiliza-se, no campo da intermidialidade, a expressão "citação visual".

Como dito, o conceito de citação visual remete imediatamente ao conceito mais conhecido de citação verbal. A citação verbal representa uma prática recorrente na vida acadêmica de estudantes, professores, pesquisadores. Sempre que há necessidade de validar algum argumento ou ideia, recorre-se a ela.

O princípio que rege o sucesso de qualquer citação, verbal ou visual, é o de que esse excerto, emprestado de um produto anterior, ao atingir seu destinatário, produza uma compreensão, um reconhecimento do que foi citado e acrescente camadas de significado ao produto novo que o está citando, o texto citante.

Ao entrar em contato com uma citação, o receptor se questiona: "com o que ela faz ligação? de que natureza é esta ligação e como essa ligação é reconhecida? ela faz referência a qual texto/ideia anterior?" (Compagnon, 2016). Isto é, uma vez que a citação tem como uma de suas características fundamentais um processo de repetição, de deslocamento do texto citado, é preciso, para que ela surta efeito, que o receptor perceba essa retomada da obra fonte. Ele precisa entender que o texto citante está lançando mão de um fragmento de discurso já construído em um texto anterior.

Uma referência importante para este universo é Antoine Compagnon, que aborda de modo didático a citação verbal e faz um balanço desse fenômeno presente na escrita de alunos e pesquisadores. Segundo o autor, a citação verbal tem por objetivo validar, controlar a enunciação e funcionar como um termômetro para regular o texto citante. Compagnon pontua que o texto citado cria um diálogo com o texto citante por meio da *significação*, do *uso* e o de *repetição*.

Para que o conceito de citação verbal possa ser produtivamente transportado para o campo da intermidialidade – que o situa no quadro do funcionamento interno de uma mídia que apresenta imagens – é preciso que ele sofra um processo de transformação e expansão. Ele precisa ser capaz de dar conta dos modos de construção semiótica de diferentes produtos de mídia que, com frequência, articulam, simultaneamente, vários sistemas: o verbal, o sonoro, o imagético etc., para construir seu sentido.

Marie-France Chambat-Houillon é responsável por uma versão pioneira do conceito de citação visual na televisão. Em seus primeiros trabalhos, em 2010, ela utilizava esse termo para a análise de programas televisivos. Chambat-Houillon propõe duas categorias de citação visual: a citação réplica (aparece tal e qual foi concebida, a integralidade da imagem é repetida) e a citação performance (a imagem não é repetida, mas "imitada"). Obrigatoriamente, para que a citação ocorra, há sempre a citação de uma imagem, assim como, na citação verbal, cita-se o texto escrito. A citação visual é, assim, a citação de outra mídia através de imagens replicadas dentro do interior semiótico da mídia principal, como no caso, de uma pintura que replica, em sua composição, uma fotografia.

Com uma complexidade diferente de um texto verbal, uma mídia composta de texto verbal e não verbal, geralmente, apresenta um conjunto de relações entre diferentes elementos semióticos presentes em seu interior. Uma propaganda impressa em uma página de jornal, por exemplo, pode ser composta por cores, tipo de letra, distribuição dos elementos na página etc. Seu sentido final deriva da relação entre todos esses elementos.

Para que a citação visual ocorra, há sempre uma mídia principal que cita uma imagem ou mais imagens com seus próprios recursos ou inserindo recursos da mídia citada. A mídia principal é aquela na qual ocorre o processo de citação em seu interior, por isso, como já se apontou, há sempre, pelo menos, duas mídias envolvidas na citação visual. Quando uma mídia recorre a imagens de outra mídia e as insere em um novo produto midiático, cria-se um diálogo entre o objeto citado (a imagem da outra mídia), o texto citante (a mídia principal) e o receptor da mídia.

Como exemplo deste fenômeno é possível tomar pinturas realizadas por Fernando Botero, *Mona Lisa* (1977), e Salvador Dalí, *As meninas* (obra estereoscópica de 1976). Dificilmente o receptor, ao estabelecer contato com a tela de Botero não fará a ligação com a mídia citada, a pintura *Mona Lisa* (1503), de Leonardo da Vinci. Isto é, dificilmente o receptor deixará de perceber que se trata de uma citação. Essa percepção da retomada deliberada de uma imagem anterior comporá o horizonte dentro do qual ele fará a leitura da tela de Botero. O mesmo se dá com a tela de Dalí, embora, nesse caso, ela possa encontrar receptores que não identifiquem *As meninas* (1656), de Diego Velázquez, e que, portanto, não apreendam a dinâmica de citação proposta pelo pintor.

Uma mídia principal pode citar uma imagem de dois modos:

1. com recursos de seu ambiente interno e, neste caso, nem sempre o receptor consegue perceber que aquela imagem representa uma citação visual (como as pinturas citadas acima);
2. com recurso de um ambiente externo ao seu (a imagem tal qual ela foi concebida) e, neste caso, fica mais transparente a intenção do texto citante.

Assim, é possível encontrar dois modos pelos quais um produto de mídia é capaz de realizar uma citação visual:

1. Quando a mídia citante simula outro produto de mídia e o inclui em seu ambiente a partir de seus próprios recursos semióticos. Nesse caso, a citação visual é mais implícita, cria um diálogo com a mídia citada e, como não mostra marcas (o equivalente às aspas, por exemplo, como ocorre na citação verbal), só pode ser percebida se o receptor tiver um repertório que permita seu reconhecimento. Essa é a citação que defino como "citação visual entreglosa". É como se as duas mídias, citante e citada, se comentassem de

maneira recíproca, criando uma dependência exclusiva do repertório de modelos midiáticos do receptor para ter sucesso em seu reconhecimento e funcionamento.

Na adaptação da HQ *O diário de Anne Frank*, de Ari Folman e David Polonsky (2017), é possível verificar como a citação visual entreglosa funciona. Os autores realizam a transposição do texto verbal do diário de Anne (a passagem que relata o conflito interno e as contradições de Anne em relação à sua mãe) para o interior semiótico da HQ. Para isso, o quadrinista cita visualmente, no ambiente da mídia HQ, duas obras individuais específicas produzidas em outra mídia, a pintura: *O grito* (1893), de Edvard Munch, e *O retrato de Adele-Bauer* (1907), de Gustav Klimt.

Essa citação, criada com os recursos internos do sistema narrativo da HQ, só poderá ser reconhecida se um receptor proficiente identificá-la. Caso isso aconteça, além da função primeira de narrar a história de Anne em uma sequência que combina imagem e texto, outras camadas de sentido poderão ser adicionadas. A citação visual entreglosa realizada pela mídia HQ permite, assim, reforçar ou adicionar significados ao texto citado: por exemplo, a turbulência emocional de Anne é ressaltada ao ser expressa por meio da referência à distorção de formas criada por Munch e à suntuosidade e ambiguidade sugeridas no retrato idealizado por Klimt. As duas obras retomadas, colocadas lado a lado, incrementam a mídia citante e adicionam significados graças ao mecanismo do processo da citação, que, a um tempo, repete, desloca e faz referência às pinturas.

2. Quando a mídia citante duplica/replica a imagem do produto de mídia citada, como se copiasse e colasse essa imagem, dentro de seu ambiente semiótico tal qual ela foi concebida, há uma marca evidente dessa citação e, mesmo que o receptor não reconheça a imagem citada, entenderá que é uma citação visual. Esse outro tipo de citação é explícito e por isso nomeio "citação visual decalque". É como se a mídia citante fizesse em seu interior semiótico um decalque da mídia citada.

Um exemplo da citação visual decalque pode ser verificado na HQ *O fotógrafo* (Guibert, Lefèvre e Lemercier, 2010). Nessa obra, Didier Lefèvre narra sua história quando acompanhou, como fotógrafo, profissionais dos Médicos Sem Fronteiras que trabalharam durante a Guerra Soviético-Afegã. Desenhos próprios do ambiente semiótico da HQ se alternam com fotografias da paisagem e dos personagens reais que fizeram parte de sua aventura. Ao adicionar as fotografias ao interior semiótico da mídia HQ, o autor realiza a citação visual decalque: o receptor percebe, imediatamente, que há uma outra mídia sendo apropriada pela mídia citante.

Tanto na *citação visual entreglosa* como na *citação visual decalque*, a citação só surtirá o efeito desejado se o receptor, ao se defrontar com a imagem citada, for capaz de compreendê-la como *citação* e de estabelecer o jogo discursivo que se estabelece entre essas mídias. Essa cumplicidade demanda do receptor uma postura ativa, uma permanente releitura de seus repertórios de referências internas que trabalha para ampliar a polissemia narrativa do produto de mídia citante.

Na citação visual, a imagem constrói outras imagens tendo como um dos elementos para essa construção o próprio ato de citar: apesar de ser uma imagem repetida, ela é qualificada. Assim, mais do que uma retomada genérica, a citação visual cria uma relação de copresença entre imagens, textos, conteúdo e temas retomados. O sentido da citação visual não se reduz, portanto, à imagem citada. A citação não é uma prática que estabiliza um sentido anterior e sim uma atualização que acrescenta sentido: o produto de mídia citante acolhe, transforma e amplia a mídia citada.

ÉCFRASE E FENÔMENOS MIDIÁTICOS

Ekphrasis ou écfrase é um antigo conceito que consiste em fazer "ver" o que está apresentado em linguagem verbal. No século I d.C., Hélio Teão, no manual *Progymnásmata*, definiu écfrase como uma "composição periegética que expõe em detalhe e apresenta diante dos olhos de maneira evidente o objeto" (citado por Rodolpho, 2014: 96).

Como observa Miriam de Paiva Vieira, "a écfrase acontece quando, em um processo mental, a evocação de uma imagem visual é desencadeada a partir de sua verbalização, por intermédio de um texto lido ou escutado" (Vieira, 2017: 50-51). No mesmo sentido, Umberto Eco, ao pensar na transmutação da matéria e na diferença do modo que ela é expressa em diferentes sistemas semióticos, indica que "[a] prática da écfrase permite descrever em palavras uma imagem" (Eco, 2007: 379). A pesquisa de Eco joga luz sobre a "transposição" de um texto de linguagem verbal para uma nova rede sígnica que se realiza em uma imagem mental.

Um exemplo clássico dessa estratégia pode ser visto em *A Ilíada*, de Homero, Canto XVIII, versos 478-608. Nessa passagem, há uma descrição do escudo que Aquiles teria usado em seu famoso combate contra o troiano Heitor. A descrição do escudo é tão detalhada que permite ao leitor compor uma imagem visual mental bastante precisa do objeto descrito. Essa dinâmica de descrição, em linguagem verbal, de um objeto imagético é bastante comum na literatura, seja na poesia, como vimos nesse exemplo de Homero, seja na prosa, como se pode ver, por exemplo, na descrição do retrato de Dorian Gray, no romance homônimo de Oscar Wilde. Assim, durante longo tempo, a écfrase fez parte dos estudos literários, sendo utilizada no âmbito dos textos escritos.

Por força da proliferação de diferentes mídias, a discussão da relação verbo-visual nos moldes da écfrase tem se expandido para o campo da intermidialidade, que considera a relação entre produtos de mídia e transposição midiática. Essa expansão do termo no campo dos estudos da intermidialidade é possível porque, como a écfrase aponta para uma transferência, ainda que mental, entre sistemas de signos (verbal-imagético), é possível tomar emprestada a sua definição para explorar outros tipos de relação. No campo da intermidialidade, a écfrase tem sido explorada como conceito para explicar fenômenos que acontecem na relação e transposição das mídias.

Claus Clüver observa que um conceito muito ligado ao da écfrase é o de "transposição ou transformação intersemiótica" (Clüver, 2008: 19). Em artigo sobre a intermidialidade, o pesquisador propõe uma definição sucinta de écfrase: "representação verbal de um texto real ou fictício composto em um sistema sígnico não verbal" (Clüver, 2008: 18). Ele exemplifica sua ideia com o poema "A noite estrelada" (1962), de Anne Sexton, que retoma tanto o título do quadro de van Gogh como elementos presentes em sua pintura como a cidade, a árvore, o céu, a noite, a lua alaranjada, a serpente invisível, as estrelas.

Segundo Clüver, o texto de Sexton "obriga qualquer pessoa familiarizada com a pintura de van Gogh a recriar essa imagem na mente, à medida que lê o poema" (Clüver, 2006: 119). É importante ressaltar que essa transposição do texto escrito para uma imagem mental tem o poder de criar obras individuais, a partir da bagagem do repertório midiático de cada receptor. Clüver assinala que "a obra original será vista sob uma nova luz" (Clüver, 2006: 130) e considera o fenômeno uma transposição intermidiática.

Anos depois de sua primeira definição de écfrase, Clüver revê a noção e amplia seu entendimento do campo de alcance do fenômeno. O pesquisador busca imprimir a ideia da écfrase como "uma configuração em uma mídia específica, preocupada prioritariamente com a representação da imagem em si e não com o que a imagem representa no mundo extra-artístico" (Clüver, 2017: 32; tradução nossa).

O autor propõe uma abertura maior para o texto verbal que, nessa perspectiva, "não precisa necessariamente ser literário e o objeto retratado não precisa necessariamente ser 'arte'" (Clüver, 2017: 32; tradução nossa). Sua definição concisa compreende arte em geral e as novas mídias: "[é]cfrase é a representação verbal de configurações reais ou fictícias compostas em mídias visuais não cinéticas" (Clüver, 2017: 33; tradução nossa). Essa nova definição, ainda que exclua as mídias cinéticas, amplia o sentido do conceito ao tratar de descrições que podem falar de mídias novas e diferentes, reais ou fictícias.

Para Lars Elleström a écfrase está inserida "no hábito generalizado de se transformar mídias básicas e qualificadas em outras mídias básicas e qualificadas" (Elleström, 2017: 92) (sobre mídia básica e qualificada, conferir capítulo "Midialidade, intermidialidade e comunicação: o modelo de Lars Elleström" deste livro).

Elleström acredita que a écfrase clássica, isto é, um poema descrevendo uma pintura, tem característica de um tipo de transformação de mídia: "o espaço factual e o tempo virtual da iconicidade visual da pintura estão sendo transformados no espaço virtual dos signos simbólicos sequencialmente organizados do poema" (Elleström, 2017: 92).

O pesquisador acredita que os estudos à luz do conceito da écfrase que consideram apenas o fenômeno de poemas que descrevem pinturas representa um "pequeno fragmento do vasto campo de representações complexas das mídias" (Elleström, 2017: 188). Assim, ele propõe que "em seu sentido mais amplo, écfrase pode incluir descrições complexas, ilustrações e indicações de todos os tipos de produtos de mídia" (Elleström, 2017: 188).

Elleström acredita que os estudos sobre écfrase podem ser expandidos além do seu sentido tradicional para ajudar a se pensar na complexidade das relações dos produtos de mídia. Para o autor, os estudos da écfrase deveriam estar inseridos em um campo mais vasto, o da adaptação e da pesquisa sobre a transposição de mídias que ele chama de transmidialidade (conferir capítulo "Adaptações narrativas e intermidialidade" deste livro).

Irina Rajewsky considera a écfrase um fenômeno intermidiático pois ela indica "um cruzamento das fronteiras entre as mídias" (Rajewsky, 2012b: 22) o que caracteriza "uma qualidade de intermidialidade em sentido amplo" (Rajewsky, 2012b: 22). Nesse sentido, a écfrase para Rajewsky se encaixa em duas subcategorias propostas por ela, a transposição midiática e a referência intermidiática (conferir capítulo "Intermidialidade como categoria analítica" deste livro).

À ideia de Rajewsky, Miriam de Paiva Vieira acrescenta que, no campo da intermidialidade, a écfrase é usada para categorizar "um tipo relevante de fenômeno que atravessa fronteiras entre diferentes mídias" (Vieira, 2017: 45). Vieira reforça a perspectiva do fenômeno ao extrapolar o horizonte que antes se restringia a textos escritos e sua relação com a pintura. Além disso, ao refletir sobre as propostas sobre écfrase no campo da intermidialidade, Vieira conclui que o fenômeno diz respeito mais a uma transposição midiática do que a uma referência intermidiática, como propõe Rajewsky, pois "o processo resulta em uma nova obra pertencente a uma determinada mídia, mas que se refere a outra mídia" (Vieira, 2017: 54).

A autora ressalta ainda a importância do conhecimento prévio do receptor e a carga de relação que ele tem com o texto para que o fenômeno evoque em sua mente "uma imagem ausente" que consiga provocar "uma resposta de impacto emocional" (Vieira, 2017: 54).

A autora concorda com Elleström ao apontar que a écfrase é um fenômeno intermidiático que apresenta um processo de transformação que "se refere a uma determinada mídia qualificada, mas resulta em uma nova obra – pertencente a outra mídia qualificada –, que, a partir de uma provocação verbal, irá desencadear uma resposta imaginativa visual na mente do receptor" (Elleström, 2017: 54).

PARATEXTOS MULTIMODAIS E RELAÇÕES INTERMIDIÁTICAS

Paratexto é um termo que resulta da combinação do prefixo *para*, do grego, "ao lado de, perto de", com o substantivo "texto". O conceito refere um texto que está ao lado, perto de outro texto, o principal. O termo foi cunhado por Gérard Genette, que afirma que "um texto raramente se apresenta em estado nu" (Genette, 2009: 9), isto é, em isolamento, mas é sempre acompanhado de elementos que orbitam a seu redor.

Em seu livro *Palimpsestos, a literatura de segunda mão*, Genette indica que paratextualidade é um tipo de transtextualidade, "uma relação de copresença entre dois ou vários textos" uma "presença efetiva de um texto em um outro" (Genette, 2010: 14). Segundo o autor, *paratexto* nomeia um tipo de transtextualidade que indica uma relação "menos explícita e mais distante" que o texto principal mantém com elementos que constituem uma obra em linguagem escrita como "título, subtítulo, intertítulos, prefácios, posfácios, advertências, prólogos, etc." (Genette, 2010: 15).

Para compreender um elemento paratextual, Genette propõe, em *Paratextos editoriais*, que se faça cinco perguntas ao texto principal: onde (para determinar seu posicionamento espacial), quando (para definir quando surgiu ou desapareceu), como (qual modal ele assume), de quem, a quem (produtor/receptor) e para quê? (qual a função em relação ao texto principal) (Genette, 2009: 12).

Ao tomar a coletânea de contos *Histórias da meia-noite* (1873) de Machado de Assis para refletir sobre a proposta de Genette, é possível identificar na "advertência" do autor elementos para classificá-la como um paratexto. Tomando as cinco questões propostas, as respostas elucidam a intenção do autor. Onde? O paratexto se situa antes da narrativa principal, os contos. Quando? Publicada em 1873, simultaneamente ao lançamento dos contos. Como? Linguagem verbal em forma de "advertência". De quem? De Machado de Assis, o autor do texto principal. Para quem? Para o público leitor da coletânea de contos. Para quê? O autor, como o título indica, adverte que os contos são narrativas despretensiosas, para distrair o leitor. Justifica a escolha do gênero "conto" e agradece à crítica pela recepção de seu romance. Justifica a falta de conclusão de outro romance que "aparecerá a seu tempo" (Assis, 1994/1873: 160). Com essa advertência, Machado de Assis encontra um meio de dialogar com o leitor de forma coloquial e prepara a leitura justificando o formato "conto" e advertindo que um romance está sendo preparado, forma "maior" de literatura na época.

Em *Paratextos editoriais*, Gérard Genette revisita a sua definição do termo e retoma como "aquilo por meio do qual um texto se torna livro e se propõe como tal para seus leitores, e, de maneira geral, ao público" (Genette, 2009: 9). De forma mais ampla, o autor indica que os caminhos e domínios desse fenômeno "se modificam sem cessar conforme as épocas, as culturas, os gêneros, os autores, as obras, as edições de uma mesma obra" (Genette, 2009: 11). Essas possibilidades que gravitam em torno do domínio do texto apontam para a renovação constante do público leitor e, segundo o autor, são "uma evidência reconhecida que nossa época 'midiática' multiplica em torno dos textos um tipo de discurso desconhecido no mundo clássico" (Genette, 2009: 11).

Com a evolução dos produtos de mídia, o conceito de paratexto, cunhado a princípio em estudos literários e no âmbito da linguagem verbal, se torna produtivo como instrumento de análise de produtos multimodais desenvolvidos em novas mídias e, como aponta Genette, em uma "época midiática". "A análise de novos produtos multimodais permite a expansão e o adensamento de conceitos que, já consolidados em outras áreas, se renovam como ferramentas de análise de novos produtos midiáticos" (Ramazzina-Ghirardi, 2020: 111).

O sistema semiótico das HQ tem se mostrado um ambiente propício para o desenvolvimento de paratextos que combinam diferentes signos além do verbal. A HQ *O fotógrafo* (Guibert, Lefèvre e Lemercier, 2010), mencionada anteriormente, pode ajudar a ilustrar também esse conceito. Nessa obra, a primeira página interna, ao contrário de apresentar título, nome do autor e editora, traz um desenho. Um homem abaixado com um aparelho fotográfico em posição para capturar uma imagem, vestido com um *patu,* uma manta afegã que se usa por cima da roupa, e uma touca ilustra a página.

De acordo com Genette, o título da HQ já representa um paratexto. A adição do desenho que se relaciona ao título e acrescenta um paratexto multimodal. Esse paratexto oferece ao leitor informações que serão confirmadas ao longo da leitura da HQ. A HQ mostra o fotógrafo Lefèvre acompanhando uma caravana de Médicos Sem Fronteiras (MSF) no Afeganistão. Ao chegar em Peshawar, no Paquistão, dois membros da equipe o levaram ao alfaiate para comprar um enxoval para a viagem: uma calça, uma camisa bem comprida, um colete, uma touca, um lenço, sapatos e o *patu*. As roupas, segundo Lefèvre, ofereciam três vantagens: conforto, conformidade à cultura islâmica e o apagava como turista na multidão. A função desse paratexto é concretizada ao acrescentar uma informação imagética que adiciona camadas de sentido ao título e introduz o leitor no mundo ficcional da HQ.

A definição cunhada por Genette, transportada para o campo da intermidialidade, se mostra produtiva também para compreender a engrenagem interna de produtos midiáticos compostos de diferentes modais (como, por exemplo, um videoclipe, que é composto de imagens, texto, música etc.) dentro de um único interior semiótico ou ao se relacionar com outra mídia.

Um exemplo interessante de paratexto multimodal é a obra *Mr. William Shakespeare's Plays* (2009), de Marcia Williams. A autora apresenta uma transmidiação (conferir capítulo "Adaptações narrativas e intermidialidade" deste livro) de sete peças de Shakespeare para o ambiente semiótico da HQ. Este produto apresenta uma combinação de mídias (conferir capítulo "Intermidialidade como categoria analítica" deste livro) em seu ambiente semiótico que colabora para o significado total do produto.

O formato da HQ é o de sequência de imagens fixas acompanhadas de legendas. As falas dos personagens estão soltas, fora de balões, o que difere do modo como em geral são apresentadas em obras desse gênero. Essa parece uma estratégia utilizada pela autora para a composição total da página e a sobreposição de significados. À prancha principal é adicionada uma margem decorada com personagens que tocam instrumentos, vendem comida e outros que comentam a peça com falas com balões. Essa composição cria um ambiente semiótico externo que contrasta com o texto principal, mas que se relaciona com ele em sua zona fronteiriça, compondo uma estrutura paratextual multimodal: é como se os desenhos criassem uma moldura para o texto principal através de diferentes signos visuais. As figuras à margem estabelecem uma nova dinâmica com o texto principal, e sugerem que a peça está sendo encenada no teatro, com músicos e público presentes.

Desse modo, Williams traz para a composição total da página o contexto social e histórico dos tempos de Shakespeare explorando a sociabilidade intermidiática. Como em produções cinematográficas, um produto histórico é recriado, nesse caso, a encenação da peça no *Globe Theatre,* no século XVI. Através desse artifício, a autora resgata a significação, a função social e a história da encenação naquela época. Como nos tempos de Shakespeare, os nobres têm lugar mais alto e o povo está na parte inferior da página. Na transmidiação de Romeu e Julieta, por exemplo, uma pessoa vende nozes para a plateia, as pessoas comentam a encenação "Você quer ser minha Julieta?", "Vamos, beije ela!" Os animais também estão presentes, como cachorros e um urso.

A presença desse paratexto multimodal altera a percepção do receptor com a prancha principal. Uma operação dupla é realizada através da interação de diferentes dispositivos, a prancha e a margem, que operam uma reconfiguração da narrativa. Os costumes da época de Skakespeare são retomados e uma possível reação do público da época é adicionada. O receptor da HQ recebe simultaneamente esse conteúdo total fazendo do paratexto um *continuum* do texto principal. Essa HQ cria uma relação diacrônica da recepção por meio de uma produção midiática a partir dos diferentes recursos internos que ligam o produto midiático ao contexto e ao meio social, histórico e institucional em que foram escritas as peças de Shakespeare e que chamam a atenção para o funcionamento social das mídias.

Tomando esse novo produto como uma mídia que renova o conceito inicial do sistema de uma HQ, "combinação original de uma (ou duas, junto com a escrita) matéria(s) da expressão e de um conjunto de códigos" (Groensteen, 2015: 14), é possível também renovar as questões propostas por Genette ao texto principal para compreender o paratexto: onde? O paratexto se posiciona na margem do texto principal; quando? Realizado simultaneamente ao texto principal; como? Sequência de imagens fixas como o texto principal; de quem? Do mesmo autor; a quem? Público leitor da HQ e para quê? Simular a impressão de que o público da HQ é composto pelo leitor e pela plateia do *Globe Theater* no século XVI.

O paratexto multimodal se mostra aqui ferramenta crucial para criar um prolongamento do texto principal e produzir a percepção de uma sincronicidade fictícia de recepção temporal ao público leitor. As mídias se mostram espaço privilegiado para analisar esse fenômeno. O paratexto cria a ilusão da presença da plateia do século XVI na leitura do século XXI através de um fenômeno paratextual construído por processos intermidiáticos. O conceito de paratexto se expande e se mostra, desse modo, útil para a análise das dinâmicas de cruzamentos de fronteiras que são características da intermidialidade.

REFERÊNCIAS

ASSIS, M. *Obra completa*. Rio de Janeiro: Nova Aguilar, 1994, v. 3.
BOLTER, J. D. "Transferência e transparência: a tecnologia digital e a remediação do cinema". Tradução de Camila Figueiredo. In: FIGUEIREDO, C. A. P.; OLIVEIRA, S. R. O.; DINIZ, T. F. N. *A intermidialidade e os estudos interartes na arte contemporânea*. Santa Maria: Ed. UFSM, 2020, p. 291-312.
_____; GRUSIN, R. *Remediation*: Understanding New Media. Cambridge: The MIT Press, 2000.
_____; _____. *Remediation:* competizione e integrazione tra media vecchi e nouvi. Milão: Edizione Angelo Guerini e Associati Srl, 2002.
CAMUS, A. *O estrangeiro*. Trad. Valerie Rumjanek. Rio de Janeiro: BestBolso, 2013 [1942], p. 13-14.
COMPAGNON, A. *La seconde main ou le travail de la citation*. Paris: Éditions du Seuil, 2016 [1979].
_____. *O trabalho da citação*. Trad. Cleonice P. B. Mourão. Belo Horizonte: Ed. UFMG, 1996.
DAOUD, K. *O caso Meursault*. Trad. Bernardo Ajzenberg. São Paulo: Biblioteca Azul, 2016, p. 9.
DEPRÊTRE E.; DUARTE, G. A. "Prolégomènes: arpentage des champs transmédiaux et adaptatifs". In: DEPRÊTRE E.; DUARTE, G. A. (org.). *Transmédialité, Bande dessinée et Adaptation*. Clermont-Ferrand: Presses Universitaires Blaise Pascal, 2019, p. 7-19.
ECO, U. *Conceito de texto*. Trad. Carla de Queiroz. São Paulo: Edusp, 1984.
_____. *Quase a mesma coisa*. Trad. Eliana Aguiar. Rio de Janeiro: Record, 2007.
ELLESTRÖM, L. *As modalidades das mídias II*: um modelo expandido para compreender as relações intermidiais. Porto Alegre: EdiPUCRS, 2021.
_____. Identificando, construindo e transpondo as fronteiras das mídias. Trad. Camila Figueiredo. In: *Anais X Seminário de Pesquisa II Encontro Internacional VII Jornada Intermídia*. Curitiba, 2018, p. 1-15.
_____. *Midialidade*: ensaios sobre comunicação, semiótica e intermidialidade. Porto Alegre: EdiPuc, 2017.
FECHINE, Y.; FIGUERÔA, A. Transmidiação: explorações conceituais a partir da telenovela brasileira. In: LOPES, M. I. V. (org.). *Ficção televisiva transmidiática no Brasil*: plataformas, convergência, comunidades virtuais. Coleção Teledramaturgia, vol. 2. Porto Alegre: Meridional, 2011, p. 17-60.

GAUDREAULT, A. *Du littéraire au filmique:* système du récit, Paris: Nota Bene/Armand Colin, 1999.
_____; MARION, P. *O fim do cinema?* Uma mídia em crise na era digital. Trad. Christian Pierre Kasper. Campinas: Papirus: 2016.
GENETTE, G. Cinco tipos de transtextualidade, dentre os quais a hipertextualidade. In: GENETTE, G. *Palimpsestos, a literatura de segunda mão.* Trad. Luciene Guimarães. Belo Horizonte: Edições Viva Voz, 2010, p. 13-21.
_____. *Paratextos editoriais.* Trad. Álvaro Faleiros. Cotia: Ateliê, 2009.
GROENSTEEN, T. *O sistema dos quadrinhos.* Trad. Érico Assis e Francisca Ysabelle Marínquez Reyes. São Paulo: Marsupial, 2015.
GUIBERT, E.; LEFÈVRE, D.; LEMERCIER, F. *O fotógrafo,* vol. 1. Trad. Dorothée de Bruchard. São Paulo: Conrad, 2010.
HIGGINS, D. Intermídia. In: DINIZ, T. F. N.; VIEIRA, A. S. (orgs.). *Intermidialidade e Estudos Interartes:* Desafios da Arte Contemporânea 2. Belo Horizonte: Ed. UFMG, 2012, p. 41-50.
HUTCHEON, L. *Uma teoria da adaptação.* Trad. André Cechinel. Trindade: Editora da UFSC, 2011.
JENKINS, H. *Cultura da convergência.* Trad. Susana L. De Alexandria. São Paulo: ALEPH, 2009.
KIFFER, A.; GARRAMUÑO, F. (orgs). *Expansões contemporâneas:* literatura e outras formas. Belo Horizonte, Ed. UFMG, 2014.
MAINGUENEAU, D. *Análise de textos de comunicação.* 6. ed. Trad. Maria Cecília Souza-e-Silva, Décio Rocha. São Paulo: Cortez, 2013.
MARINIELLO, S. L'intermédialité: un concept polymorphe. In: VIEIRA, C.; RIO NOVO, I. (org.). *Inter media.* Littérature, cinéma et intermédialité. Paris: L'Harmattan, 2011, p. 11-30.
MCLUHAN, M. *Os meios de comunicação como extensões do homem.* Trad. Décio Pignatari. São Paulo: Cultrix, 1969.
MÜLLER, J. E. *Intermidialidade revisitada:* algumas reflexões sobre os princípios básicos desse conceito. Trad. Anna Stegh Camati e Brunilda Reichmann. In: DINIZ, T. F. N.; VIEIRA, A.S. (orgs.). *Intermidialidade e estudos interartes:* Desafios da Arte Contemporânea 2. Belo Horizonte, Rona/FALE/UFMG, 2012, p. 75-95. [publicado originalmente em inglês, 2010].
OLIVEIRA, S. O. *Intermidialidade e estudos interartes:* uma breve introdução. In: FIGUEIREDO, C. A. P.; OLIVEIRA, S. R.; DINIZ, T. F. N. *A intermidialidade e os estudos interartes na arte contemporânea.* Santa Maria: Ed. UFSM, 2020, p. 11-14.
PAUL, C. En quoi la littérature comparée est-elle essentielle pour comprendre et analyser les phénomènes intermédiaux? In: PAUL, C.; WERTH, E. (eds.). *Comparatisme et Intermédialité:* Réflexions sur la relativité culturelle de la pratique intermédiale / Comparatism and Intermediality: Reflections on the cultural relativity of intermedial practice. Würzburg: Königshausen & Neumann, 2015, p. 9-24.
RAJEWSKY, I. A fronteira em discussão: o status problemático das fronteiras midiáticas no debate contemporâneo sobre intermidialidade. Trad. Isabella Santos Mundim. In: DINIZ, T. F. N.; VIEIRA, A. S. (orgs.). *Intermidialidade e estudos interartes*: desafios da arte contemporânea 2. Belo Horizonte: Ed. UFMG, 2012a, p. 51-73 [original em inglês publicado em 2010].
_____. Intermidialidade, Intertextualidade e "Remediação" – Uma perspectiva literária sobre a intermidialidade. Trad. Thaïs Flores Nogueira Diniz & Eliana Lourenço de Lima Reis. In: DINIZ, T. (org.). *Intermidialidade e Estudos Interartes.* Belo Horizonte: Ed. UFMG, 2012b, p. 15-45. Disponível em https://www.erudit.org/fr/revues/im/2005-n6-im1814727/1005505ar/. Acesso em: 12 ago. 2021.
RAJEWSKY, I. O termo intermidialidade em ebulição: 25 anos de debate. Trad. Ana Luiza Ramazzina Ghirardi. In: FIGUEIREDO, C. A. P.; OLIVEIRA, S. R. O.; DINIZ, T. F. N. *A intermidialidade e os estudos interartes na arte contemporânea.* Santa Maria: Ed. UFSM, 2020, p. 55-96 [original em francês publicado em 2015].
RAMAZZINA-GHIRARDI, A. L. Reinventando conceitos: paratextos multimodais. In: VENEROSO, M. C. F.; DINIZ, T. F. N.; MENDES, A. M. (orgs.). *Escrita, Som, Imagem:* novas travessias. Belo Horizonte: Ed. UFMG, 2020, p. 85-112.
SAINT-GELAIS, R. *Fictions Transfuges*: la transfictionnalité et ses enjeux. Paris: Editions du Seuil, 2011.
SANDMANN, A.J. *Formação de palavras no português brasileiro contemporâneo.* Curitiba: Ícone, 1989.
SANTAELLA, L. *Matrizes da linguagem e pensamento*: sonora, visual, verbal. São Paulo: Iluminuras/Fapesp, 2005.

STRAUMMAN, B. Adaptation – Remediation – Transmediality. *Handbook of Intermediality,*, De Gruyter, 2015.
VOUILLOUX, B. *Intermédialité et Interarticité:* une révision critique. In: FISCHER, C. (org.). *Intermédialités*. Nîmes: Mondial Livres, 2015.
WILLIAMS, M. *Mr. William Shakespeare's Plays*. London: Walker Books, 2009.
WOLF, W. Intermidiality. In: HERMAN, D.; JAHN, M.; RYAN, M.-L. (eds). *Routledge Encyclopedia of Narrative Theory*. Londres/New York: Routledge, 2005, p. 252-256.
_____. *The Musicalization of Fiction*: a Study in Theory and History Intermediality. Amsterdã e Altanta: Rodopi 1999.

Artigos

BAETENS, J. "Études culturelles et analyse médiatique: autor du concept de re-médiation". *Revue Recherches en communication*, n° 31, 2009. Disponível em: http://sites.uclouvain.be/rec/index.php/rec/article/viewArticle/6351. Acesso em: 13 abril 2021.
CAILLER, Bruno et Céline Masoni Lacroix, "Temps et espace de l'interactivité, vers une définition dela transmédialité", *Revue française des sciences de l'information et de la communication* [Enligne], 10 | 2017, mis en ligne le 01 janvier 2017, consulté le 13 septembre 2021. Disponível em: http://journals.openedition.org/rfsic/2694. DOI: https://doi.org/10.4000/rfsic.2694. Acesso em: 13 abr. 2021.
CHAMBAT-HOUILLON, M.-F. "De l'audiovisuel vers le télévisuel: deux modèles de citation pour les émissions de télévision", paru dans Ci-Dit, Communications du IVe Ci-dit, De l'audiovisuel vers le télévisuel : deux modèles de citation pour les émissions de télévision, mis en ligne le 01 février 2010. Disponível em:http://revel.unice.fr/symposia/cidit/index.html?id=408. Acesso em: 23 abr. 2021.
CLÜVER, C. "Inter Textus / Inter Artes / Inter Media". Trad. Elcio Loureiro Cornelsen. *Revista Aletria*, ju.-dez., 2006, vol. 14, UFMG, p. 10-41. Disponível em:http://www.periodicos.letras.ufmg.br/index.php/aletria/article/view/1357/1454. Acesso em: 27 mar. 2020.
_____. "Intermidialidade". PÓS: *Revista do Programa de Pós-graduação em Artes da EBA/UFMG*, [S. l.], p. 8–23, 2012. Disponível em: https://periodicos.ufmg.br/index.php/revistapos/article/view/15413. Acesso em: 22 jun. 2021.
_____. "A new look ata n old topic: Ekphrasis revisited". *Revista Todas as Letras*, São Paulo, v. 19, n. 1, p. 30-44, jan./abr. 2017. Disponível em: http://editorarevistas.mackenzie.br/index.php/tl/issue/view/536 Acesso em: 12 jan. 2021.
DINIZ, T. F. N. "Intermidialidade: perspectivas no cinema". *RuMoRes*, [S. l.], v. 12, n. 24, p. 41-60, 2018. DOI: 10.11606/issn.1982-677X.rum.2018.143597. Disponível em: https://www.revistas.usp.br/Rumores/article/view/143597. Acesso em: 26 jun. 2021.
FIGUEIREDO, C. A. P. "Narrativa Transmídia: modos de narrar e tipos de histórias". *Letras (UFSM)*, v. 53, p. 45-64, 2016. DOI: https://doi.org/10.5902/2176148525079. Acesso em: 10 set. 2021.
_____. "Expandindo os limites: a transmídia no campo da intermidialidade". *Aletria: Revista de Estudos Literários*, v. 27, n. 02, 2017. DOI: http://dx.doi.org/10.17851/2317-2096.27.2.69-82. Acesso em: 30 set. 2021.
_____. "O uso da transmídia por editoras brasileiras". Signo, Santa Cruz do Sul, v. 43, n. 76, mar. 2018. ISSN 1982-2014. Disponível em: https://online.unisc.br/seer/index.php/signo/article/view/10550. Acesso em: 18 agosto 2021. DOI: https://doi.org/10.17058/signo.v43i76.10550
GAUDREAULT, A.; MARION, P. "Un média naît toujours deux fois…" *Sociétés & Représentations*, n° 9, 2000, p. 21-36.
KRAJEWSKI, P. (2015) "Qu'appelle-t-on un médium ?" Référence électronique: Pascal Krajewski, « Qu'appelle-t-on un médium ? », *Appareil* [En ligne], Articles, mis en ligne le 11 février 2015. Disponível em: http://appareil.revues.org/2152 Acesso em: 14 set. 2021.
MÉCHOULAN, E. "Intermédialités : Le temps des illusions perdues ["Naître / Birth of a concept", no 1 printemps 2003]." *Intermédialités* 20 (2012): 13–31. DOI: 10.7202/1023522ar. Acesso em: 14 maio 2021.

_____. "Intermédialités: ressemblances de famille". *Intermédialités/Intermediality* 16 (2010), 233-259. https://doi.org/10.7202/1001965ar. Acesso em: 8 maio 2021.

_____. "Intermédialité, ou comment penser les transmissions", *Fabula/Les colloques, Création, intermédialité, dispositif* (2017). Disponível em: http://www.fabula.org/colloques/document4278.php. Acesso em: 4 jul. 2021.

MÜLLER, J. E. "Vers l'intermédialité: histoires, positions et options d'un axe de pertinence". Revue Médiamorphoses. L'identité des médias en question, n° 6, dossier D'un média... l'autre. INA, Bray-sur-Marne, France, 2006, p. 99-110.

_____. "Intermediality": Some Comments on the Current State of Affairs of a Search Concept – Part I. *Scripta Uniandrade*, v. 18, n. 1 (2020), p. 1-13. Curitiba, Paraná, Brasil. Data de edição: 11 jul. 2020, p. 1-13. Disponível em: https://revista.uniandrade.br/index.php/ScriptaUniandrade/article/view/1888. Acesso em: 8 maio 2021.

RAMAZZINA-GHIRARDI, A. L. "Citação visual: cruzando fronteiras intermidiais em O diário de Anne Frank. / Visual citation: crossing intermedial borders in Anne Frank's diary". *Revista Letras Raras*, n. 2, v.8, p.108 - 132, 2019. Disponível em: http://revistas.ufcg.edu.br/ch/index.php/RLR/article/view/1369. Acesso em: 10 set. 2021.

RODOLPHO, M. "Écfrase e evidência". *Revista Letras Clássicas*, v. 18, n.1, p. 94-113, 2014. Disponível em: https://www.revistas.usp.br/letrasclassicas/article/view/118357. Acesso em: 22 set. 2021.

RYAN, M.-L. Narrativa transmídia e transficcionalidade. *Revista Celeuma*, v.2, n° 3, 2013, p. 96-128. Disponível em https://www.revistas.usp.br/celeuma/issue/view/6723. Acesso em: 18 ago. 2021.

STAM, R. "Teoria e prática da adaptação: da fidelidade à intertextualidade". *Revista Ilha do Desterro*, Florianópolis, n° 51, p. 19-53, jul./dez. 2006. Disponível em: https://periodicos.ufsc.br/index.php/desterro/article/view/2175-8026.2006n51p19. Acesso em: 20 jun. 2021.

VIEIRA, M.P. "Écfrase: de recurso retórico na Antiguidade a fenômeno midiático na contemporaneidade". *Revista Todas as Letras*, v. 19, n.1, p. 45-57, 2017. Disponível em: http://editorarevistas.mackenzie.br/index.php/tl/article/view/9955. Acesso em: 22 set. 2021.

VOUILLOUX, B. Médium(s) et média(s). Le médial et le médiatique Bernard Vouilloux, "Médium(s) et média(s). Le médial et le médiatique", *Fabula / Les colloques*, Création, intermédialité, (2017) dispositif. Disponível em: http://www.fabula.org/colloques/document4419.php. Acesso em: 14 ago. 2021.

WOLF, W. "(Inter)mediality and the Study of Literature". *CLCWeb*: Comparative Literature and Culture 13.3 (2011). DOI https://doi.org/10.7771/1481-4374.1789.

A AUTORA

Ana Luiza Ramazzina-Ghirardi é professora associada do departamento de Letras da Unifesp e credenciada no Programa de Pós-Graduação em Letras da mesma instituição. Possui mestrado e doutorado em Língua e Literatura Francesa pela Universidade de São Paulo, pós-doutorado pela Universidade Paris-Sorbonne IV, sob supervisão de Dominique Maingueneau. É líder do grupo de pesquisa Língua e Literatura: Interdisciplinaridade e Docência (CNPq) e membro do grupo de pesquisa Intermidialidade: Literatura, Artes e Mídia (Anpoll). Sua pesquisa recente está centrada no impacto dos conceitos de intermidialidade e multimodalidade sobre noções tradicionais de linguagem e literatura.